DES

OBLIGATIONS

DIVISIBLES ET INDIVISIBLES

EN DROIT ROMAIN ET EN DROIT FRANÇAIS

PAR

Jules DEFLERS,

Docteur en droit, Avocat à la Cour impériale de Paris.

PARIS

COSSE ET MARCHAL, IMPRIMEURS-ÉDITEURS,

LIBRAIRES DE LA COUR DE CASSATION,

Place Dauphine, 27.

1863

DES

OBLIGATIONS

DIVISIBLES ET INDIVISIBLES

EN DROIT ROMAIN ET EN DROIT FRANÇAIS.

Paris. — Imprimerie Cosse et J. Dumaine, rue Christine, 2.

DES

OBLIGATIONS

DIVISIBLES ET INDIVISIBLES

EN DROIT ROMAIN ET EN DROIT FRANÇAIS

PAR

Jules DEFLERS,

Docteur en droit, Avocat à la Cour impériale de Paris.

—————

PARIS

COSSE ET MARCHAL, IMPRIMEURS-ÉDITEURS,

LIBRAIRES DE LA COUR DE CASSATION,

Place Dauphine, 27.

—

1863

PREMIÈRE PARTIE.

DES
OBLIGATIONS DIVISIBLES ET INDIVISIBLES
EN DROIT ROMAIN.

CHAPITRE PREMIER.
Notions préliminaires.

§ 1er. — But de l'ouvrage.

La monographie que j'offre aujourd'hui au Public du droit a déjà paru sous la forme d'une thèse pour le doctorat. Le témoignage flatteur de mes juges et maîtres m'a donné la hardiesse de produire dans un plus grand jour ce modeste travail. Puissent leurs encouragements être pour moi d'un bon augure, et qu'il me soit permis de leur exprimer ma reconnaissance pour leurs savantes leçons ! Je dois un hommage particulier à MM. Pellat, doyen de la Faculté de Paris, Duverger, Demangeat et Batbie, professeurs en la même Faculté. Il me semble que leurs noms inscrits en tête de cette étude lui porteront bonheur et que quelque chose de l'éclat qui les environne rejaillira sur un novice qui veut toucher à l'arbre de la science.

Lorsque j'entrepris cette œuvre, des voix autorisées ne manquèrent pas pour m'en détourner. On me montrait la difficulté du sujet. La divisibilité et l'indivisibilité des obligations, c'était un dédale, c'était un puits sans fonds ; pas de vérités sûres, pas de lumière possible. Pouvais-je réussir où les plus grands maîtres avaient échoué ?

A cela, j'avais à répondre que le voyageur qui marche à travers la nuit trouve enfin l'aurore, puis le jour ; qu'il est un double flambeau qui guide le chercheur, l'analyse et l'investigation. Et puis cette difficulté elle-même existe-t-elle réellement? Les jurisconsultes romains, si logiques toujours, seraient-ils tombés dans l'aveuglement? Duaren, dans son commentaire sur le titre *de verborum obligationibus*, répond que l'obscurité du sujet vient plus de la manière de le traiter que des textes qui le concernent. Tel est aussi mon avis. Ce n'est pas que j'aie la prétention de tout éclaircir, de tout décider d'une manière irréfragable. Je veux seulement dégager les vrais principes, rétablir la théorie romaine dans sa belle simplicité, montrer en quoi le droit français s'en est écarté et indiquer ce qu'il y aurait à faire pour aboutir en définitive à un système vrai, simple et facile à appliquer. Cela est peut-être au-dessus de mes forces. Il me suffira d'avoir fourni des matériaux à un plus habile qui érigera le monument. A chacun son lot; à celui-ci la gloire de l'architecte, à celui-là l'utilité de l'ouvrier.

Une deuxième objection m'était faite. Le sujet manquait d'utilité pratique. Tout de pure théorie, il n'offrait nul intérêt, nul appât à la curiosité.

Cette objection semble avoir quelque fondement. Tout le monde s'accorde à dire que notre siècle est insensible aux spéculations de la science pure, qu'il ne comprend pas les solutions des problèmes abstraits. J'admets qu'il en soit ainsi. N'est-il pas bon de donner l'exemple du désintéressement en se livrant à une étude en dehors de la routine pratique du droit? La science se suffit à elle-même. Savoir pour savoir, rechercher les principes, en déduire les conséquences, n'est-ce pas assez pour un esprit curieux? Ce n'est pas tout. L'intérêt lui-même ne fait pas défaut. La question de la divisibilité et de l'indivisibilité des obligations touche aux servitudes, aux successions, au réméré, au dépôt, au mandat, au prêt à usage, au gage, à l'hypothèque, etc. C'est une des faces les plus générales du droit. Il importe donc de connaître les principes au moyen desquels le notaire, l'avoué, l'avocat et le juge pourront se faire une conviction dans les mille cas variés de la pratique des affaires ou du tribunal.

§ 2. — Bibliographie.

Dumoulin a fait un traité intitulé : *Extricatio labyrinthi dividui et individui*. C'est encore l'ouvrage le plus important sur la matière qui va nous occuper. Vues nouvelles, solutions marquées au coin du génie, telles sont les qualités qui le recommandent. Mais Dumoulin, au lieu d'éclairer complétement le sujet, comme il s'en est flatté, n'a fait que l'embrouiller davantage. Il n'a pas su se débarrasser du dogmatisme de la deuxième école des glossateurs, des Balde, des Barthole, etc. Les textes sont rattachés à des principes préconçus ; pas de méthode, des digressions sans fin et des distinctions qui abondent au point de sembler surnager dans le cahos de l'œuvre. Toutefois il est bon de suivre les déductions de cet esprit puissant, et nous puiserons dans son traité plus d'une solution.

Cujas n'a pas traité spécialement le sujet. Mais son esprit si français l'a empêché de tomber dans les mêmes défauts que Dumoulin. Son explication des textes, dans ses *Instituts*, au titre *de verborum Obligationibus*, est d'une clarté remarquable. Nous devons toutefois avouer qu'il commet des erreurs ; nous les signalerons sur notre passage. De plus, le grand jurisconsulte omet d'examiner bien des questions délicates.

Duaren, dans son commentaire du titre 45, *de verb. obl.*, présente quelques réflexions ingénieuses. Mais il ne fait qu'effleurer le sujet. Il y a donc peu d'utilité à en retirer.

Donneau, t. XI de ses œuvres, entre plus dans le vif de l'indivisibilité. Il aborde franchement les difficultés et discute les opinions avec un rare talent de dialecticien. Chez lui, le bon sens est secondé par une étude approfondie des textes. Beaucoup des solutions de Donneau sont encore les meilleures.

Scipio Gentilis, élève de Donneau, a fait un ouvrage sur les obligations divisibles et indivisibles (V. t. I de ses œuvres). On y trouve des détails judicieux, des preuves d'une ferme érudition ; mais l'idée générale du sujet n'a pas été comprise.

Fernando de Retes, jurisconsulte espagnol du XVIIe siècle, est aussi l'auteur d'une monographie sur les obligations divisibles et indivisibles. On peut la trouver dans Meermann, thès. t. VIII.

Pothier, dans ses *Pandectes*, a suivi les errements de Dumoulin et n'a fait que le résumer; c'est une chose regrettable. Que n'a-t-il, à l'aide des travaux antérieurs, formé une doctrine simple et dépouillée des distinctions scolastiques, vestiges du moyen âge !

M. Julius Rubó, de Berlin, est le dernier qui ait fait un traité spécial sur les obligations divisibles et indivisibles en droit romain. Nous avons à lui reprocher le silence qu'il garde sur Dumoulin. Ses divisions sont arbitraires, ses idées principales, inadmissibles. En revanche, son ouvrage est plein de ces observations qui indiquent un esprit hardi, inventif, et possédant admirablement la science des textes. Ses recherches sont un pas nouveau fait dans la nuit pour arriver à la lumière. Parmi ses erreurs mêmes, nous avons cru trouver comme le germe de la vérité. Puissions-nous ne pas nous tromper à notre tour !

§ 3. — Qu'est-ce qu'une obligation divisible ou indivisible?

Dans tout sujet, dissertation, thèse ou traité, la première chose qui s'impose à l'esprit de l'auteur, c'est la définition de l'objet du livre. On peut dire que c'est comme la pierre angulaire de l'édifice à construire. Cela est surtout vrai en matière de divisibilité et d'indivisibilité des obligations. Nous avons donc à nous poser cette question : *A quel signe reconnaître qu'une obligation est divisible ou indivisible?*

Parmi toutes les définitions qui ont pu être données, trois méritent seules d'attirer notre attention.

Première définition.—Scipio Gentilis, t. I, ch. II, nous dit que ce qui fait qu'une obligation est *divisible* ou *indivisible*, c'est l'*utilité* ou l'*inutilité* de la prestation partielle de son objet.

Cette doctrine *utilitaire* ne s'appuie sur aucun texte. Il n'y a pas un seul des passages du digeste concernant l'indivisibilité où le mot utile (*utilis*) se trouve employé.

L'utilité variant avec les besoins des hommes, avec leurs caprices, avec les circonstances, la théorie de la divisibilité et de l'indivisibilité serait aussi mobile, ondoyante, insaisissable que les mille événements de la vie humaine. Où serait le critérium? Une obligation, d'abord divisible, pourrait devenir indivisible et réciproquement. La divisibilité et l'indivisibilité doivent s'appuyer sur un principe stable, immuable et facile à reconnaître. Nous verrons tout à l'heure quel il est.

Ainsi pas de texte, pas de certitude. Ce n'est pas tout. Arrivons à l'application. Dans quelle classe ranger les obligations de genre et alternatives? Dans les obligations divisibles? Mais la prestation partielle n'est pas d'une utilité complète. Dans les obligations indivisibles? Nous opposerons le texte de la loi 2, § 1er *de verb. obl.*: « *partis dationem natura recipiunt.* » Aussi pour se tirer d'embarras, Scipio déclare ces obligations mixtes, c'est-à-dire, tout à la fois divisibles et indivisibles. C'est ici que se montre à plein le faux de la définition. Comment peut-il se faire que deux contradictoires, *divisible et indivisible*, se rapportent au même terme?

Deuxième définition. — M. Julius Rubo voit le signe de la divisibilité ou de l'indivisibilité dans ce caractère, à savoir si l'objet de l'obligation est un *certum* ou un *incertum*.

Cette nouvelle donnée présente un aspect scientifique propre à séduire une imagination allemande, mais qui nous laisse froid. Trop d'objections se présentent contre elle, victorieuses, insurmontables. Dans les premiers temps du droit romain, il fallait toujours un *certum* dans la stipulation; M. Julius Rubo le reconnaît lui-même en parlant des stipulations de faire. Qu'il nous explique donc, sans tomber dans la contradiction, pourquoi toutes les stipulations étaient indivisibles avant la loi des Douze Tables?

Si maintenant, on veut voir par les yeux de la raison, il sera manifeste qu'il n'y a pas plus de *incertum* au cas d'une servitude de laisser puiser 100 amphores d'eau sur un fonds, chose indivisible, puisque toutes les servitudes sont indivisibles (L. 72 pr. *de verb. obl.*) qu'au cas de stichus à fournir, chose divisible (L. 9, § 1er, *de solut.*)

Cette définition de M. Julius Rubo fausse toute sa théorie. Il déclare indivisibles les obligations de genre et alternatives, en opposition avec le texte de la loi 2, § 1er *de verb. obl.* : « *partis dationem natura recipiunt.* » Tous les faits, selon lui, sont indivisibles comme constituant l'*incertum*, signe de l'indivisibilité. Des textes nombreux le gênent; il met les uns de côté et explique les autres au moyen de distinctions peut-être ingénieuses, mais d'une bizarrerie inouïe. Telles sont les conséquences d'une mauvaise définition! Ou bien, telle est une définition faite après coup, pour les besoins de la cause, replâtrage de matériaux mal joints, superposés sans ordre et sans symétrie!

Troisième définition. — Celle-ci est la bonne; elle est de Dumoulin. Le prince des jurisconsultes français ayant à sa suite tous nos grands maîtres, Cujas, Duaren, Donneau et Pothier, nous dit que l'obligation est divisible ou indivisible, selon que son objet *peut ou non* être presté par parties. « *Obligationem dicimus dividuam quæ partium prestationem recipit id est cujus rei in eâ contentæ seu deductæ natura est ut possit prestari pro parte; individuam autem quæ partis prestationem non recipit, id est cujus rei contentæ, seu debitæ ea est natura ut non possit prestari pro parte.* » (1)

Précisons nettement. La notion juridique de la divisibilité et de l'indivisibilité repose non pas dans la prestation partielle ou non partielle, mais dans la *possibilité* ou *l'impossibilité* de fractionner l'objet. La loi 2, § 1er *de verb. obl.* par les termes « *partium prestationem* RECIPIUNT.... NON RECIPIUNT » indique bien ce rapport de puissance.

Cette définition a pour elle les textes. Le bon sens l'approuve aussi. Le divisible, en effet, est ce qui peut être divisé, partagé, donné par parties; l'indivisible est le contraire, c'est-à-dire ce qui n'est pas susceptible de parties. Comme, à notre point de vue, c'est l'objet qu'il faut considérer, est divisible l'obligation dont l'objet peut se partager; indivisible, celle dont l'objet n'est pas

---

(1) *Extricatio labyrinthi,* 3e part., n. 15.

partageable. La chose est par trop évidente ; aveugle, celui qui ne veut pas le reconnaître !

Nous allons tirer de cette définition plusieurs conséquences tellement importantes, qu'elles sont pour ainsi dire le flambeau qui éclairera le sujet.

§ 4. — Conséquences de la définition.

1° *Toute obligation est divisible ou indivisible.* — Pas de milieu ; être ou n'être pas, telle est la nécessité. Ainsi les obligations de genre et alternations ne forment pas une troisième classe ; elles sont divisibles (L. 2, § 1, *de verb. oblig.*). Nous reviendrons dans suite sur ce point d'une manière plus détaillée.

2° *La notion que nous venons de donner de l'obligation divisible ou indivisible est, par ses termes mêmes, indépendante du nombre des créanciers et des débiteurs.* — Qu'il y ait un ou plusieurs créanciers ou débiteurs, originaires ou héréditaires, peu importe ! l'obligation est divisible ou indivisible. C'est un principe qui trouve sa raison d'être dans la nature des choses, le résultat d'une opération de l'intelligence (LL. 2 et 85 *de verb. obl.*)

3° *Il ne faut pas confondre l'obligation solidaire et l'obligation indivisible.* — L'indivisibilité est une qualité qui passe aux héritiers, la solidarité n'y passe pas ; celle-ci est personnelle, celle-là réelle, comme dit Dumoulin (2ᵐᵉ part., n° 222) : « *In correis credendi vel debendi qualitas personalis est quia non transit ad heredes inter quos active et passive dividitur. — Sed qualitas solidi in individuis realis est, quia non personis (ut illa correorum) sed obligationi ipsi et rei debitæ adheret et transit ad heredes, imo etiam in singulorum heredum singulos heredes in solidum.* »

4° *Il faut encore séparer des obligations indivisibles celles qui ne sont pas divisées et qui cependant sont divisibles.* — Prenons un exemple : Primus doit dix à Secundus. Nous démontrerons plus loin que Primus ne peut forcer Secundus à recevoir des paiements partiels, cinq, puis cinq dans l'espèce (L. 41 *de usuris*). La dette est divisible, mais elle n'est pas divisée (Dum., 3ᵐᵉ part., n. 8).

Les conditions ne sont pas par elles-mêmes indivisibles, mais comme la loi des Douze Tables ne les a pas divisées, elles restent *indivises*. C'est ainsi que le pignus est indivis, *indivisum* (LL. 85, § 6 et 7, *de verb. obl.*; 65 *de evict.*). Notre distinction, à ce second point de vue, est presque toute théorique. Le pignus est considéré comme indivisible à moins de convention contraire.

5° Pour que l'obligation soit indivisible, peu importe que l'impossibilité de fractionnement existe par suite d'un rapport accidentel ou par la nature même de l'objet ; il suffit de savoir si l'objet est ou non susceptible de parties. — Nous repoussons donc la distinction de Dumoulin : les indivisibilités *naturâ, obligatione*. Elle est inutile et même dangereuse, parce qu'elle augmente les difficultés. Pour nous, l'indivisibilité est une et vient du caractère de l'objet, caractère résultant soit de la nature même de la chose, soit de la manière dont les parties l'ont envisagée.

6° En principe, notre définition s'applique non-seulement aux obligations de droit strict « stricti juris, » mais encore à celles de bonne foi « bonœ fidei (1). »

Mais supposons le principe de divisibilité et d'indivisibilité en lutte avec le principe de bonne foi, ce dernier devra l'emporter, comme l'emporteraient le bénéfice de compétence et le bénéfice d'inventaire.

C'est ainsi que dans l'action *familiœ erciscundœ*, l'exercice d'une servitude peut être divisé (L. 19, § 4, *comm. divid.*).

C'est ainsi que la chose déposée peut être restituée en entier

---

(1) Paul traite des obligations divisibles et indivisibles à propos des stipulations (LL. 2, 4 et 85, *de verb. Obl.*) — A quoi tient cela ? C'est que la stipulation, *obligatio verbis*, fournit le type le plus parfait de l'obligation romaine. Solennité des paroles, demande et réponse fixant l'intention des parties contractantes, tout, chez un peuple positif et ami des formes comme les Romains, donnait un caractère spécial à la stipulation. Il n'est donc pas besoin de dire que les principes exposés par Paul sont applicables aux autres contrats.

à l'un des héritiers, si elle n'est pas susceptible de division matérielle (L. 1, § 3C *Dep. vel. contrà*). De même, la loi 3, § 3, *Commodat.*, veut que le détenteur de la chose prêtée, la restitue en entier : « *quasi hoc boni judicis arbitrio conveniat.* »

A l'occasion de cette dernière loi, Dumoulin pour se tirer d'embarras, créa l'indivisibilité *solutione*. Nous la repoussons. L'obligation est divisible, mais, à raison des pouvoirs du juge et de la bonne foi qui domine dans ces actions, l'un des débiteurs peut être condamné à payer le tout.

§ 5. — Division du sujet.

Nous trouvons dans la loi 2 au titre *de verb. obl.* au digeste, la division de notre sujet. Cette loi, avec la loi 4 (au même titre), qui en est la suite, est capitale ; elle formera la base de toutes nos explications.

Le jurisconsulte Paul divise d'abord les stipulations en stipulations *de donner*, qui ont pour objet une translation de propriété, et en stipulations *de faire* qui ont pour objet un fait « *stipulationum quædam in dando, quædam in faciendo consistunt* (L. 2 *pr. de verb. obl.*). (1) »

Chacune de ces classes « *et harum omnium*, » (L. 2, § 1), se subdivise à son tour en obligations divisibles et indivisibles.

Nous verrons d'abord ce qui concerne les obligations de donner divisibles (ch. 2), puis les indivisibles (ch. 3). Notre étude portera ensuite sur les obligations de genre et alternatives (ch. 4) ; puis sur les obligations de faire, indivisibles ou divisibles (ch. 5 et 6).

Dans la loi 85 *de verb. obl.* se trouve une autre division don-

---

(1) On trouve dans Gaïus, comm. IV, § 2, une autre division des obligations : *Dare, facere, præstare. Præstare*, employé seul, c'est *garantir* ; avec un régime, c'est *fournir, procurer.* « *Præstare custodiam, diligentiam.* » Presque toujours ce régime en détermine le sens. Toutefois, ce terme rentre dans le *facere*. Il n'est pas non plus douteux que le *facere* comprenne le *non fieri*.

née par le même Paul, et adoptée par Pothier dans ses *Pandectes*. Nous la croyons moins scientifique que celle de la loi 2 ; elle porte moins sur la nature intime de la divisibilité et de l'indivisibilité des obligations que sur les effets produits par elles. C'est plutôt une division de procédure. Nous l'exposerons dans un dernier chapitre, où elle figurera assez bien comme un résumé des principes contenus dans les lois 2 et 4, et de nos explications sur ces deux lois.

CHAPITRE DEUXIÈME.

Obligations de donner divisibles.

§ 6. — Notion plus approfondie de la divisibilité.

Nous connaissons la marque distinctive d'une obligation divisible : *possibilité de prestation partielle de son objet*. Cette proposition, toute exacte qu'elle est, ne suffit pas pour savoir reconnaître si une obligation est divisible. Il faut aller plus avant. En quoi consiste cette possibilité ? L'analyse philosophique nous révèle de nombreux genres de divisibilité des choses. Sans parler de la divisibilité mathématique, qui est infinie, comme l'a si bien démontré Pascal dans ses *Pensées*, il y a la divisibilité physique, consistant en la séparation des parties : des écus sont divisibles en ce sens ; la divisibilité géométrique se manifestant par des lignes : une prairie est ainsi divisible. Ces deux genres de divisibilités se réunissent sous une qualification commune : la divisibilité *matérielle*. Il y a la divisibilité *intellectuelle* : un cheval, un esclave est ainsi divisible. On peut vendre la moitié d'un cheval, on peut être propriétaire de la moitié d'un cheval. C'est la divisibilité matérielle et intellectuelle que les jurisconsultes romains ont en vue lorsqu'ils disent qu'une chose est divisible de sa nature, *naturâ* (L. 2, § 1, *de verb. obl.*) (1).

---

(1) Dumoulin, toujours si profond dans l'analyse, pose bien ces distinctions. La divisibilité que nous venons de nommer *intellectuelle*, il l'appelle, avec raison, *civile* ou *commerciale*, et il fait remarquer qu'elle comprend les autres ; c'est-à-dire que si une chose est divisible *matériellement*, elle l'est *commercialement* (1re part., no 5).

§ 7. — Quelles obligations de donner sont divisibles.

La question que nous venons de poser est facile à résoudre. Nous pouvons formuler la réponse dans une proposition générale.

Sont divisibles toutes les obligations de donner ayant pour objet la propriété (L. 2, § 1, *de verb. obl.*) et l'usufruit. (L. 5 *de usufructu.*)

Nous n'avons pas de texte qui concerne le *jus habitationis*. Mais comme l'habitator peut louer son droit, il perçoit des fruits civils comme l'usufruitier. Nous assimilerons donc l'habitation à l'usufruit et nous dirons qu'elle est, comme lui, divisible.

Il faut comprendre dans cette classe les obligations de genre ou alternatives. Nous le démontrerons plus loin. Qu'il nous suffise de l'indiquer en passant.

§ 8. — Effets de la divisibilité dans les obligations de donner.

Nous avons dit (§ 4, 2°) que l'obligation était divisible, qu'il y eût un seul créancier et un seul débiteur, plusieurs créanciers ou débiteurs, originaires ou héréditaires.

Toutefois la divisibilité produira plus ou moins d'effets selon les cas. Prenons l'exemple de la loi 2, § 1, « *quædam partium prestationem recipiunt, veluti cum decem stipulamur,* » et voyons comment les choses se passeront dans trois hypothèses.

PREMIÈRE HYPOTHÈSE. — *Il n'y a qu'un seul créancier et un seul débiteur.*

Si le créancier consent à recevoir *cinq*, la division s'opère. Le débiteur est libéré de la moitié de son obligation, et il ne doit plus que *cinq* (L. 2, § 1 *de solut.*).

Mais le créancier refuse de recevoir un paiement partiel. On comprend son intérêt : les *dix* qui lui sont dus lui serviraient à acheter une chose dont il a besoin ; les *cinq* que lui offre le débiteur seraient insuffisants. Le débiteur pourra-t-il forcer le créancier à recevoir *cinq* ? Nous dirons : Non. L'obligation doit être exécutée en entier. Elle est divisible mais non divisée, ni par la loi, ni par l'homme.

La loi 41, § 1, *de usuris*, est décisive dans notre sens : le débiteur consigne partie de sa dette ; les intérêts continuent à courir pour le tout. C'est la bonne foi qui veut que le créancier soit désintéressé pour le tout. Il y a là, comme dit Dumoulin, 2ᵉ part., nᵒˢ 241 et suiv., une *incongruitas solutionis.* Mais il appelle cela en même temps un cas d'indivisibilité *solutione* au premier degré. A quoi bon cette distinction ? Elle ne servirait qu'à embrouiller. Et puis, on a d'autant plus lieu de s'en étonner, que Dumoulin lui-même, 3ᵉ part., nᵒ 8, a soin d'avertir de ne pas confondre l'obligation non divisée avec l'obligation indivisible. Voici un des inconvénients du manque de méthode !

L'opinion que nous venons d'émettre et qui a passé dans notre Code (art. 1220) a été combattue par de bons esprits, et notamment par *de Savigny*. Ce savant illustre, que vient de perdre l'Allemagne, a soutenu le droit pour le débiteur de faire des paiements partiels. Il s'appuie sur la loi 21 *de Rebus creditis* et sur la loi 4 au Code *de collatione fund. patrim.*

Julien, au début de la loi 21, semble contraire à ceux qui n'admettent pas les paiements partiels contre le gré du créancier. Il n'en est rien. Ce qu'il combat, c'est l'opinion absolue qu'il n'y a jamais lieu à division. Alors il pose un cas tout spécial. Il y a contestation d'une partie de la dette. La question prédominante n'est pas de savoir si on peut fractionner le paiement, mais s'il y a dette pour le tout. Le créancier réclame *dix*, le débiteur dit ne devoir que *cinq*. Alors arrive le rôle du préteur. Celui-ci dit au créancier : Recevez ces *cinq*, cela diminuera d'autant le procès : « *cum ad officium ejus pertineat lites diminuere.* » Mais là s'arrête le pouvoir du préteur. Il ne pourrait pas autoriser le débiteur à faire, malgré le créancier, un paiement partiel d'une dette reconnue. Ce qui prouve encore mieux que le jurisconsulte ne méconnaît pas le principe exposé plus haut, ce sont les termes dont il se sert : « *humanius facturus* », dit-il, en parlant du préteur.

La loi 4 au Code, précitée, prouve aussi notre règle, puisqu'elle accorde, comme une faveur particulière, aux fermiers de l'État la faculté de payer des à-compte, sans dépasser toutefois le nombre de trois termes par chaque année.

DEUXIÈME HYPOTHÈSE. — *Le créancier, ou le débiteur, est mort laissant plusieurs héritiers.*

La créance se divise activement et passivement en vertu de la loi des Douze Tables : « *Nomina inter heredes ercta sita sunto.* » Chacun des héritiers du créancier ne peut réclamer que sa part de la créance, et chacun des héritiers du débiteur n'est tenu que pour sa part.

Ce principe de la divisibilité des créances existait-il avant la loi des Douze Tables? Se prononcer sur cette question me semble entrer dans le domaine des conjectures. L'impersonnalité des obligations, tenant à un symbolisme rigoureux, aurait-elle empêché la divisibilité, comme le prétend M. Caresme dans une thèse de doctorat (1856)? Ou bien la loi des Douze Tables n'avait-elle fait que sanctionner la pratique? Je serais plutôt porté à adopter cette dernière manière de voir. Sans doute, chez les peuples primitifs, les principes de droit ne se dégagent que peu à peu à mesure que se développe la civilisation. Mais la *coutume* est presque toujours la première loi, et nous la voyons tenir une grande place dans la formation du droit romain (L. 32, pr. *de legibus*).

TROISIÈME HYPOTHÈSE. — *Il y a plusieurs créanciers ou plusieurs débiteurs à l'origine de l'obligation.*

S'il n'y a pas de convention spéciale, la division s'opère activement et passivement. Le principe de la divisibilité a été appliqué ici par la jurisprudence : on a étendu à ce cas la décision de la loi des Douze Tables. Il y avait pour cela les mêmes raisons d'utilité pratique et d'équité que dans la deuxième hypothèse.

Ce travail d'interprétation a été continué sous les empereurs, et nous voyons *Adrien* étendre au fidéjusseur le bénéfice de division qui existait déjà pour le *sponsor* et le *fidepromissor* (Gaïus, *Comm.*, III, § 2).

Supposons que la dette, ainsi divisée entre plusieurs débiteurs originaires et héréditaires (2ᵉ et 3ᵉ hypothèses), se trouve réunie

sur une seule tête : l'un des débiteurs a succédé à tous ses codébiteurs. Pourra-t-il faire des paiements partiels ? Je répondrai par une distinction. Il faut se reporter à l'origine et voir si la dette était, à sa naissance, divisée ou non divisée. S'agit-il d'une dette contractée par plusieurs (3° hypothèse), l'héritier peut faire autant de paiements qu'il y avait de débiteurs ; représentant de leurs personnes, il a les mêmes droits qu'ils avaient. Or, chacun avait contracté une dette séparée (L. 2, § 1, *De duobus reis*) : « *cum tabulis esset comprehensum illum et illum centum aureos stipulatos, neque adjectum ita ut duo rei stipulandi essent :* VIRILEM PARTEM SINGULI STIPULATI VIDEBANTUR. » Le débiteur aura donc la faculté de payer séparément des dettes séparées. Cette faculté de fractionnement, nous la refuserons au cas d'une dette divisée entre plusieurs héritiers (2° hypothèse). Il n'y a jamais eu qu'une dette, divisée, il est vrai, entre les héritiers. Mais comme il cesse d'y avoir plusieurs héritiers, la division s'efface, la raison d'utilité disparaît : *cessante causâ cessat effectus* (Dumoulin, 2° part., n° 28) : « *In primum statum erit reducta.* » Nous trouvons une analogie dans la loi 27, § 2, *de pactis* : un pacte efface un pacte, comme, dans notre espèce, une succession fait évanouir l'effet d'une autre succession.

§ 9. — Comment s'opère la division ?

La loi 54, *de verb. obl.*, pose deux catégories : *species, genera*. Les *species* sont des objets déterminés, des corps certains ; les *genera* sont des choses d'un même genre, deux hommes, deux chevaux. Nous devons faire remarquer que dans les sciences naturelles on appelle individus les *species*, et espèces les *genera*. Au premier cas (*species*), la division a lieu par parties ; au deuxième (*genera*), elle se fait par nombre. Les deux héritiers de celui qui a promis Stichus devront chacun la moitié de Stichus ; si la promesse est de *deux hommes*, ils devront chacun *un esclave*.

Toutefois, dès que le choix des *genera* est fait, la division n'a plus lieu *numero*, mais *per partes*. La loi 117, *de verb. obl.*, le démontre surabondamment : *Si centum homines quos ego heres ve meus elegisset stipulatus, antequam eligerem duos heredes reliquero : numero dividitur stipulatio,* DIVERSUM ERIT, *si jam electis hominibus successerint.*

Il ne faut pas prendre à la lettre l'expression division par parties. Ceci veut dire que chacun des héritiers devra transférer la propriété de la moitié indivise des cent esclaves désignés. Fabius Labéon, achetant d'Antiochus la moitié de cent vaisseaux et les faisant couper en deux pour les partager, donna un bel exemple de bonne foi punique (Cic., *de officiis*, L. 1; *Val. Mon.*, L. 7, ch. III).

CHAPITRE TROISIÈME.

Obligations de donner indivisibles.

§ 10. — Quelles sont-elles ?

Nous avons vu que l'obligation est indivisible quand son objet n'est pas susceptible de prestation partielle : paiement, acceptilation, tous les modes d'extinction, doivent avoir lieu pour le tout.

Quelles sont les obligations de donner qui ont ce caractère ? Paul cite comme telles les stipulations de donner *iter, via, actus* (L. 2, § 1, *de verb. obl.*) : « *Quædam non recipiunt (partium prestationem) ut in his quæ natura divisionem non admittunt, veluti cum viam, iter, actum stipulamur.* »

Au risque d'encourir le reproche de nous écarter de notre sujet, nous croyons utile d'entrer dans quelques explications qui feront connaître la nature de ces trois servitudes, et cela dans le but d'expliquer un texte qui se rapporte à la matière de l'indivisibilité, la loi 13, § 1, *de accept.*

Iter, c'est le passage pour l'homme ; *actus*, c'est le passage pour les bestiaux, les chariots. Quant à la *via*, elle comprend toutes les manières de passer ; elle réunit l'*iter* et l'*actus*.

Mais l'*actus* comprend-il nécessairement l'*iter* ?

Oui et non. Oui, en ce sens que si j'ai le droit de faire passer un troupeau sur un fonds de terre, je puis y passer pour conduire ce troupeau ; autrement je n'aurais qu'un droit illusoire (L. 1, *de adim leg.*). *Non*, en ce sens que je puis avoir le droit de passer avec un troupeau sur votre fonds, droit dont j'userai rarement, sans avoir celui d'y passer sans troupeau, droit dont je pourrais user souvent, ce qui vous serait préjudiciable (L. 4, § 1, *Si servitus*).

La *via* comprend l'*iter* et l'*actus*. Mais n'a-t-elle pas quelque chose de plus ? La loi 7, *de serv. præd. rust.* nous dit que la *via* donne le droit de charrier à la plus grande hauteur et de traîner des poutres « *ferendi hastam rectam et trahendi*. Les lois 8 et 13 au même titre, disent aussi que sa largeur est, à défaut de convention, déterminée par la loi des Douze Tables : huit pieds en droite ligne, seize dans les coudes ; tandis que la largeur de l'*iter* et de l'*actus* est déterminée par les parties et, à défaut, par le juge. — Je crois que tout cela se réduit à ceci : celui qui a la *via* peut avoir un chemin.

Cette opinion s'appuie sur la loi 13, § 1, *de acceptilatione*. J'ai stipulé une *via*. Je fais acceptilation de l'*iter* ou de l'*actus* séparé ; je ne fais rien. Mais si je fais acceptilation de l'*iter* et de l'*actus* réunis, le promettant est libéré. En effet, à quoi me servirait d'avoir un chemin, sans le droit d'y passer ?

Toutes les servitudes prédiales sont-elles indivisibles ?

La loi 72 pr. *de verb. obl.* met l'affirmative hors de doute : « *Stipulationes non dividuntur earum rerum quæ divisionem non recipiunt, veluti viæ, itineris, actus, aquæductus* CÆTERARUMQUE SERVITUTUM. »

Cependant Pothier et Dumoulin admettent que certaines servitudes sont divisibles. Cujas (Inst. col. 1253) pose comme seule divisible la servitude *oneris ferendi*. Il s'appuie sur la loi 6, § 4, *si servit vind*. Et comme le sens de cette loi est un peu obscur, il invoque, comme confirmant son interprétation, les Basiliques, livre 58.

La loi 19, § 4, *comm. divid.*, dit en parlant des servitudes des eaux : « *mensura aut temporibus* DIVIDUNTUR. »

Comment concilier ces textes avec la loi 72 *de verb. obl.* ?

Les servitudes sont des qualités actives et passives des fonds. C'est là leur vrai caractère juridique (L. 86 *de verb. signif.*). En ce sens, toutes les servitudes sont indivisibles. *Totæ in toto prædio et in qualibet parte*, elles ne peuvent pas plus être perdues pour partie (L. 140, § 2, *in fine, de verb. obl.*) par une aliénation partielle du fonds que l'âme humaine par la section d'un membre (*Scipio Gentilis*, ch. XIII). L'exercice, l'utilité de certaines servitudes peut se diviser : tels sont les cas des lois citées plus haut. En ce sens, on peut dire ces servitudes divisibles.

Les auteurs qui ont soutenu la divisibilité de certaines servitudes ont donc confondu les servitudes elles-mêmes avec leur utilité.

L'usage est indivisible. Il se rapporte aux besoins de l'usager, qui sont indivisibles (L. 19 *de usu*). Il n'est divisible que lorsqu'il se confond avec l'usufruit (L. 41 *de usufr. leg.*). Nous avons rangé plus haut l'habitation dans les choses divisibles.

Formulant une proposition générale qui embrasse toutes les obligations de donner indivisibles, nous pouvons dire que ce sont toutes celles qui concernent les servitudes prédiales et l'*usus*, servitude personnelle.

§ 11. — Effets de l'indivisibilité dans les obligations de donner.

Nous avons à étudier ces effets au double point de vue du créancier et du débiteur.

PREMIÈRE HYPOTHÈSE. — *Une servitude a fait l'objet d'une stipulation, le promettant meurt laissant plusieurs héritiers* (L. 2, § 2, 2ᵉ phrase *de verb. obl.*).

Chacun des héritiers peut être attaqué pour le tout. Le fonds sur lequel la servitude doit être constituée est indivis entre les cohéritiers. C'est à celui qui est actionné à s'entendre avec ses cohéritiers pour constituer la servitude. S'il ne parvient pas à obtenir ce résultat ou s'il ne veut pas s'en occuper, il sera condamné à tout ce que le non-établissement de la servitude cause de dommage pour le créancier. Mais, dans ce cas, il aura l'action *familiæ erciscundæ* pour recourir contre ses cohéritiers : « *sed quo casu unus ex heredibus solidum prestiterit repetitionem habebit à coherede familiæ erciscundæ judicio.* »

Dans l'action *fam. ercisc.*, on peut répéter des autres les dépenses que l'on a faites dans l'intérêt commun, toutes les fois qu'elles ont été amenées par la nécessité. Si donc l'héritier attaqué avait pu se libérer en payant sa part de la dette seulement et qu'il eût payé le tout, ce ne serait pas l'action *familiæ erciscundæ* qu'il aurait pour se faire indemniser par ses cohéritiers, ce serait l'action *negotiorum gestorum*. Mais, dans notre hypothèse, il a été obligé à payer le tout. Il ne pouvait pas ne payer que sa part ; il a donc son recours dans l'action *familiæ erciscundæ*.

Il n'est pas douteux que l'action *fam. ercisc.* soit préférable à l'action *negotior. gest.* Mais l'héritier qui a payé le tout a-t-il cette dernière ? On l'a contesté sur ce motif qu'il s'agit d'une dépense nécessaire. Tout au plus, veut-on accorder l'action utile. Cette manière de voir est formellement démentie par la loi 31, § ult. *de neg. jestis* dont les termes sont clairs et absolus : « *Qui sumptus* NECESSARIOS *probabiles in communi lite fecit negotiorum gestorum actionem pabet.* » Il est évident que Papinien parle ici, non de l'action utile, mais bien de l'action directe.

Si l'action *familiæ erciscundæ* s'ouvre avant les poursuites du créancier, qu'arrivera-t-il ?

La loi 25, § 10, *fam. erc.*, nous dit qu'il y aura des précautions à prendre dans l'action *fam. ercisc.* On ignore sur qui tombera le désagrément de la poursuite ; si le juge ne s'en occupait pas, chacun se retirerait en emportant sa part. Le créancier venant agir contre l'un d'eux le ferait condamner pour le tout. Cet héritier serait exposé à n'avoir pas de recours : l'action *famil. erciscundæ* ne s'intente qu'une fois, et elle est consommée. Il y a bien encore l'action *negotiorum gestorum ;* mais il est fort contestable que l'héritier ainsi attaqué pût l'avoir (1). Le juge fera donc interposer

______

(1) Le procès n'est plus commun, comme il est dit dans la loi 31, *de neg. gestis.* C'est un malheur que la poursuite soit tombée sur celui-ci plutôt que sur celui-là ; mais c'est devenu son affaire.

des cautions, ce qui donnera au condamné recours par l'action *ex stipulatu* contre ses cohéritiers.

Un autre effet de l'indivisibilité, c'est que la chose jugée contre l'un des débiteurs l'est contre tous. La loi 4, § 3, *si serv. vind.*, pose cette règle au regard de plusieurs créanciers. Les textes sont muets en ce qui concerne plusieurs débiteurs.—Voici pourquoi. La chose va de soi : de même que la servitude ne peut être constituée que pour le tout, de même le jugement qui la déclare due doit avoir force pour le tout et contre tous. Si les jurisconsultes ont parlé seulement du cas de plusieurs créanciers, c'est qu'un doute pouvait naître s'appuyant sur cette considération : que l'effet du jugement doit se mesurer à l'intérêt du créancier.

DEUXIÈME HYPOTHÈSE.—*Le stipulant est mort laissant plusieurs héritiers.*

Chacun des héritiers a l'action pour le tout : « *ex quo quidem accidere Pomponius ait ut et stipulatoris viæ vel itineris heredes singuli in* SOLIDUM *habeant actionem* (L. 2, § 3, *in fine, de verb. obl.*). L'avis de Pomponius se trouve dans la loi 17 *de servit.*

Quelques auteurs avaient pensé que, lorsque le stipulant meurt laissant plusieurs héritiers, la stipulation était éteinte (1). Et cela parce que les choses sont arrivées à un point où la stipulation n'aurait pas pu prendre naissance. Si le propriétaire ne l'avait été que pour un tiers, il n'aurait pas pu constituer une servitude sur son fonds (L. 4, *dé Servit.*). Ses héritiers, au nombre de trois, n'étant propriétaires que pour des tiers, ne le peuvent pas plus que lui-même. Il y a plus, quand le propriétaire a fait promettre une servitude au profit de son fonds, si avant la

---

(1) Le même doute ne s'était pas élevé dans le cas où il s'agit des héritiers du promettant : « *Nec dubium est quin duret* », dit la loi, 25, § 10, *fam. erc.*—En effet, la stipulation aurait très-bien pu avoir lieu, les choses étant où elles en sont. Chacun est propriétaire, pour sa part héréditaire, du fonds qui doit être assujetti. Est-ce un obstacle ? Non. Il n'est pas nécessaire que le promettant soit propriétaire pour le tout, il aurait même pu n'être pas du tout propriétaire. De même que l'on peut promettre la chose d'autrui, de même on peut promettre une servitude sur un fonds que l'on n'a pas.

constitution de la servitude il vient à aliéner une partie de ce fonds, la stipulation tombe dès ce moment, car le propriétaire est dans une situation telle qu'il n'aurait pas pu constituer une servitude (LL. 11, *de Servit.*, et 136, *de verb. obl.*).

Dans notre espèce, le jurisconsulte Paul n'admet pas la règle posée par la loi 11 *de Servit.*, à savoir : « *Corrumpit stipulationem in eum casum deducendo a quo stipulatio incipere non possit.* (1) » Il dit : Sans doute il est difficile d'établir une servitude dans une telle circonstance; mais, pour être difficile, l'exécution n'en est pas impossible. La stipulation est maintenue : « *sed non facit inutilem stipulationem difficultas prestationis.* »

Pourquoi décide-t-on, dans notre espèce, que la stipulation subsiste, tandis que le contraire arrive lorsque le propriétaire a aliéné une partie du fonds?

La raison en est double :—1° l'héritier du créancier succède à la créance, le tiers acheteur n'y succède pas ;—2° dans le premier cas, l'indivision du fonds est le résultat d'un fait involontaire, d'un événement nécessaire. Cette considération a pu rendre plus favorable que pour l'hypothèse d'une aliénation volontaire.

Ainsi chacun des héritiers peut agir pour le tout, mais la ser-

---

(1) Nous trouvons dans le droit romain d'autres cas où les jurisconsultes n'admettaient pas la règle : ce qui a existé s'anéantit s'il devient en l'état où il n'aurait pu naître. Citons-en trois, deux dans les legs, un dans les stipulations :

1° Un legs pur et simple d'une dette conditionnelle reste valable, selon Papinien (Inst., § 14, *de legatis*), si la condition se réalise du vivant du testateur. Paul, dans la loi 82, *de leg.* 2, suivait l'opinion contraire : il admettait la règle;

2° Il a été fait un legs à l'esclave du maître institué; le maître devient héritier : le legs est valable d'après les lois 25 *de leg.* 1, et 20 *ad leg. Falc.* ;

3° Le propriétaire qui a acquis une servitude à son fonds vient à aliéner une partie de ce fonds, la servitude subsiste (L. 140, § 2, *in fine, de Verb. obligat.*

vitude ne peut être constituée à un seul. Comment sortir d'embarras ? L'héritier qui veut faire établir la servitude n'a qu'à faire intervenir ses cohéritiers, et tous recevront la *cessio in jure* pour la constitution de cette servitude. S'il n'a pas recours à ce moyen, le juge condamnera le promettant à payer l'estimation de la servitude *pour la part* de l'héritier poursuivant (L. 25, § 9, *fam. esc.*).

Dans la première hypothèse, nous avons vu que chacun des héritiers du promettant est condamné envers le stipulant à payer toute la valeur de la servitude. Pourquoi la différence entre les deux hypothèses ?

En voici la raison : lorsqu'il s'agit des héritiers du promettant, le créancier qui agit contre l'un deux éprouve un tort de la valeur totale de la servitude, tandis que dans le cas de plusieurs héritiers du stipulant, si le débiteur exécute, il doit, il est vrai, le faire de toute la servitude qui est une chose indivisible ; mais s'il se laisse condamner, la condamnation ne peut être que de l'intérêt du demandeur (1). Or, si la servitude avait été établie, le demandeur, en supposant trois héritiers, aurait bénéficié d'un tiers. C'est donc la *différence d'intérêt* qui fait la différence de condamnation.

Qu'arriverait-il si l'action *famil. erciscundæ* s'ouvrait avant que les poursuites eussent été commencées ?

Les actions qui appartenaient au défunt n'étaient pas comprises dans l'action *famil. erciscundæ*, parce qu'elles étaient divisées de plein droit par la loi des Douze Tables. Les choses corporelles sont indivises ; mais les créances sont divisées à la mort du défunt : il n'est donc pas besoin de les partager.

---

(1) Dans les deux cas, la formule délivrée devait être de celles indiquées par Gaïus, IV, § 50, l'action étant une *condictio certi* l'*intentio* était *certa*, mais la *condemnatio* était *incerta*. C'était au] juge d'évaluer la servitude, à moins toutefois, ce qui était fréquent à Rome, que l'évaluation n'eût été faite par les parties au moyen d'une clause pénale, auquel cas la *condemnatio* eût été *certa* elle-même.

Mais quand l'objet de la créance est indivisible, la loi des Douze Tables ne le divise pas. C'est de là que naît le doute (L. 25, § 9, *fam. erc.*) « *dubitatur.* » Ne faudra-t-il pas que le juge s'en occupe pour que cette créance profite à chacun des héritiers ? Non : l'action appartiendra, comme le dit la loi 25 précitée, à chacun des héritiers pour le tout ; seulement, la condamnation ne sera que de la part héréditaire.

Le juge ne constitue pas la servitude ; car elle ne peut être constituée à un seul, excepté, d'après Cujas, au cas où un seul a le fonds. De plus, l'héritier qui agit ne peut recevoir la servitude pour ses cohéritiers. On n'acquiert pour autrui que la possession, et par elle la propriété : il s'agit ici d'une servitude ; qu'à titre de mandataire, l'héritier n'est pas le mandataire de ses cohéritiers. Le rescrit de Sévère n'est donc pas applicable (Cujas, *Instit.*).

Le juge de l'action *famil. erciscundæ* n'aura pas à s'occuper de cette créance pour la diviser. Vainement il voudrait la partager, elle est indivisible : « *Quia talis stipulatio per legem, XII Tab. nec dividitur, quia non potest,* » dit la loi 25, § 9, *fam. erc.* — A-t-il au moins à s'en occuper pour certaines précautions à prendre comme dans la première hypothèse ? Non, pas davantage. Chacun pouvant agir pour le tout, si le promettant exécute, son exécution profitera à tous ; s'il n'exécute pas, la condamnation sera partielle ; mais il sera loisible aux autres d'inquiéter encore le défendeur.

Un dernier effet de l'indivisibilité de la servitude, c'est que le jugement rendu en faveur de l'un des créanciers profitera à tous (L. 4, § 3, *si serv. vind.*) : *Itaque de jure victoria aliis proderit.* Cujas a cru qu'il s'agissait de l'action confessoire comparée à l'action *ex stipulatu* : c'est une erreur. Après avoir parlé de la confessoire dans le § 2, le jurisconsulte pose ainsi l'hypothèse du § 3 : « *Si fundus cui iter debetur plurium sit.* » Il s'agit donc non du droit réel, mais du droit d'obligation. La question traitée par Ulpien est celle-ci : Quelle influence aura la décision du juge sur le droit ? Il répond : la victoire profitera à tous sur le droit ; mais la condamnation sera pour chacun du *quanti interest* selon sa part héréditaire. Le jugement rendu contre l'un des créanciers nuirait à tous (L. 19, *si serv. vind.*), à moins que la perte du procès ne fût le résultat de la faute du demandeur ou d'une collusion.

Tous ces effets de l'indivisibilité sont les mêmes au cas de plusieurs créanciers ou débiteurs originaires.

CHAPITRE QUATRIÈME.

Obligations de genre et alternatives.

§ 12. — Deux propositions.

Première proposition. — Les obligations de genre et alternatives sont divisibles. — Cela résulte de la notion que nous avons donnée de la divisibilité et de l'indivisibilité des obligations et du corollaire que nous en avons tiré, à savoir : toute obligation est divisible ou indivisible.

Paul semble faire une troisième catégorie dans sa classification des obligations de donner : « *Quædam partis quidem dationem natura recipiunt, sed nisi tota dantur stipulationi satis non fit ; veluti cum hominem generaliter stipulor aut lancem aut quodlibet vas* » (L. 2, § 1, *de verb. obl.*). Les premières paroles indiquent bien que Paul regarde ces obligations comme divisibles ; s'il en parle à part, c'est qu'elles offrent un caractère particulier : « *sed nisi tota dantur satis non fit,* » Ce n'est pas à dire qu'elles soient indivisibles ; mais elles offrent une anomalie dans la manière dont doit s'effectuer le paiement.

Deuxième proposition. — Ce qui est indivisible dans ces obligations, ce n'est même pas le paiement, c'est plutôt le choix à faire d'une chose dans un genre ou dans deux choses déterminées. —Nous repoussons donc le nom d'obligations indivisibles *solutione* qui leur été a donné par Dumoulin comme dangereux et même inexact. Elles offrent seulement une exception aux règles de la divisibilité à raison de la forme du contrat. Dumoulin semble avoir entrevu la vérité lorsque, parlant de certains cas où la divisibilité ne produit pas ses effets, il dit qu'il y a plutôt une inconvenance qu'une indivisibilité de paiement : « *Potius incon-gruitas quam individuitas solutionis.* »

Les propositions que nous venons d'énoncer seront prouvées jusqu'à l'évidence par l'examen séparé des deux espèces d'obligations qui nous occupent.

§ 13. — Obligations de genre.

PREMIÈRE HYPOTHÈSE. — *Un seul a stipulé, un seul a promis un homme en général; que va-t-il arriver ?*

Le débiteur veut payer la moitié de Stichus malgré le créancier ; il ne le pourra pas. Il en est ici comme au cas d'une dette divisible ordinaire. Le débiteur de dix ne peut forcer le créancier à recevoir cinq (V. § 8, 1re hyp.).

Mais le créancier agrée le paiement de la moitié de Stichus. Si l'on avait stipulé Stichus, le promettant serait libéré de la moitié de sa dette (L. 9, § 1, *de Solut.*). Mais il s'agit d'un homme en général, le promettant n'est pas libéré, parce que, selon Paul, il n'a pas été satisfait à l'obligation. Le créancier doit recevoir un homme, non des moitiés dans deux hommes différents.

Le promettant répétera de suite la moitié de Stichus, s'il donne un autre homme ; sinon la question de savoir s'il y a libération ou droit à répétition sera en suspens jusqu'au moment où il aura donné l'autre moitié de Stichus ou un autre homme. Paul, avec son laconisme ordinaire, énonce ainsi cette double proposition : « *Nam si Stichi pars soluta sit nondum in ulla parte stipulationis liberatio nata est, sed statim repeti potest, aut in pendenti est, donec alius detur.* » *Donec alius detur* se rapporte avec une signification différente aux deux membres de phrase qui le précèdent. Pour le premier, *donec* veut dire pourvu que ; pour le second, il signifie jusqu'à ce que. L'époque de décadence où Paul écrivait, son amour de la concision, la virgule après *in pendenti est* dans le *corpus juris academicum*; tout concourt à donner un grand cachet de vérité à notre explication (1). De plus, c'est le système de l'obligation alternative

---

(1) Donneau, pour arriver à expliquer le passage de Paul, suppose un

exposé par Ulpien dans la loi 26, § 13, *de Condict. ind.*, que nous verrons bientôt. Or, l'obligation alternative est de même condition que celle de genre (L. 2, § 1, *in fine, de verb. obl.*).

DEUXIÈME HYPOTHÈSE. — *Il y a plusieurs héritiers du promettant.* — Les principes seraient les mêmes au cas de plusieurs promettants originaires.

Les héritiers doivent s'entendre pour fournir un même homme : l'un d'eux ne pourra donner la moitié de Stichus et l'autre la moitié de Pamphile. Paul en donne cette raison : « *Non enim ex persona heredum conditio obligationis immutatur* » (L. 2, § 2, *de verb. obl.*).

Du côté du créancier, même impossibilité de demander la moitié de Stichus à l'un des héritiers ; il encourrait la *plus petitio causa*. S'il veut demander le tout, il encourt la *plus petitio re*. Que faire ? Il actionnera les deux héritiers pour lui fournir un même homme, ou un seul pour lui fournir la moitié d'un homme. Si, pour éviter la condamnation, un des héritiers paie le tout, il aura recours par l'action *familiæ erciscundæ* (L. 25, § 17, *fam. erc.*), ou bien par l'action *negotiorum gestorum* (L. 3, § 4, *De neg. gestis*).

Est-ce le créancier qui est mort laissant plusieurs héritiers, ceux-ci devront s'entendre pour demander et recevoir un même homme. Celui qui refusera de se concerter avec ses cohéritiers sera condamné à des dommages-intérêts (L. 25, § 17, *fam. erc.*).

---

sous-entendu après *statim repeti potest: si alius detur.* De sorte que les deux propositions sont sous la condition contraire. — « *Nunc autem dicitur utrumque sub conditione contrario. Quod enim ille scribit partem hanc in pendenti esse donec alius detur his verbis continetur hæc conditio, si alius non detur. Ex quo intelligi debet quod prius dixerat eam partem repeti posse id accipi debere dictum esse sub contraria conditione,* SIQUIDEM ALIUS HOMO DETUR. » (t. XI, col. 452). — L'éminent jurisconsulte est dans le vrai en disant qu'il y a une double condition contraire ; mais, pas plus que les autres juristes, il ne voit qu'elle est renfermée dans ce petit membre de phrase : *donec alius detur.* Autrement, Paul, en faisant le sous-entendu que suppose Donneau, aurait manqué aux règles logiques de la composition.

L'obligation se divise donc entre les héritiers : s'ils sont deux, chacun ne doit que la moitié d'un même homme. C'est là plutôt, comme nous l'avons déjà dit, une inconvenance qu'une indivisibilité de paiement : il ne faut pas que le créancier reçoive des parts dans divers hommes. Le choix seul est indivisible. La question du choix disparaît-elle, le danger que nous venons de signaler s'évanouit, et la divisibilité produit tous ses effets. Les solutions suivantes confirment cette analyse juridique. Pour plus de simplicité, nous supposons deux héritiers du promettant.

Première solution.—Le créancier agit contre l'un des héritiers, celui-ci est absous ou condamné (1). L'autre héritier sera libéré en donnant la moitié de Stichus (L. 2, § 3, *de Verb. obl.*). En effet, plus de choix à faire, plus de danger que le créancier reçoive deux parts d'hommes différents.

Deuxième solution. —Le stipulant fait acceptilation avec l'un

---

(1) Sur le mot *egero* la glose d'Accurse porte : *et partem occepero.* Barthole dit : id est *succubuero.* Dumoulin, Cujas, Pothier et M. Julius Rubo ont accepté la dernière interprétation : elle est bonne, mais incomplète. En effet, le mot *egero* au futur passé indique une action consommée ; mais le jurisconsulte ne distingue pas entre l'absolution et la condamnation. Avant la découverte du manuscrit de Gaïus, comme on ne savait pas que sous le système formulaire, la condamnation était toujours pécuniaire (Gaïus, comm. IV, § 48), on supposait l'absolution du débiteur. Ainsi on ne pouvait avoir toute la vérité, et l'on tombait toujours dans quelque contradiction. Un commentateur alla même jusqu'à déclarer le sens du mot *egero* divinatoire, et Dumoulin l'en réprimanda (2e partie, n° 192). Donneau (col. 466) adopte la première opinion, après avoir été aussi près que possible de la vérité dans une admirable dissertation. L'ignorance du véritable caractère de la condamnation se dresse comme un mur devant son œil pénétrant : « *Si prius (et succubuero) dicemus, contra verba facimus: neque enim agere significat ita agere ut res ad sententiam perveniat et eam sententiam qua reus absolvatur. Si posterius (et condemnatus fuerit), verendum est ne falsa et absurda sententia statuatur; quomodo enim is qui non solvit partem neque absolutus est pro parte liberatur? Quod si non liberatur, quomodo defendi potest solam reliquorum partem obligationis superesse? Ex utraque re in idem incommodum incidimus, non sine causa igitur de hujus loci sententia dubitatur.* »

des héritiers ; l'autre est libéré par la dation de la moitié de Stichus. Ni choix à faire, ni danger à craindre (LL. 2, § 3, *de verb. obl.*, 17 *de acceptil.*).

Troisième solution. — Le choix appartient au créancier ; celui-ci a consenti à recevoir du débiteur ou de l'un des héritiers la moitié de Stichus. Il y a libération, parce que le choix étant fait, il n'est plus à craindre que le créancier reçoive des moitiés dans des hommes différents : le créancier devra demander et recevoir l'autre moitié de Stichus (LL. 17, *in fine, rem. rat. hab.*, 117 *de verb. obl.* et 125 *de div. reg. juris.*).

§ 14. — Obligations alternatives.

Paul nous dit qu'elles sont de la même condition que les obligations de genre : « *Ejusdem conditionis est hæc stipulatio Stichum aut Pamphilum dari* » (L. 2, § 1, *in fine, de verb. obl.*).

La stipulation est de donner dix ou Stichus. C'est l'espèce de la loi 26, § 13, *de cond. indeb.* Je donne *cinq*, suis-je libéré ? Puis-je répéter ? Cela dépend du parti que je prendrai : « *in pendenti est.* » Cela revient à dire qu'il n'y a actuellement ni libération (L. 34, § 10, *de solut.*), ni droit de répéter : le créancier retient la chose à titre de gage (L. 26, § 4, *de cond. indeb.*). Qu'arrive-t-il donc ? Ou je donne les *cinq* restants, alors je suis libéré ; ou je donne Stichus et je puis répéter les *cinq* : « *Sic posterior solutio comprobabit priora quinque utrum debita an indebita solverentur.* »

Ensuite, Ulpien se demande si le créancier a le droit, ayant reçu cinq et Stichus, de demander les cinq restants, parce qu'il préférerait dix à stichus. Il répond : Non. La condition est née, et elle a pour but de réparer tout le dommage : or, le débiteur perdrait le choix.

Si le créancier a reçu dix et Stichus, alors il a le choix, selon Ulpien (§ 13, *in fine*). Ce double paiement est comme une renonciation du débiteur à la faculté de choisir : « *Quamvis utroque soluto mihi retinendi quod vellem arbitrium daretur.* » On peut objecter à Ulpien que tout le dommage n'est pas réparé : aussi l'avis contraire de Julien et de Papinien a prévalu dans le droit de Justinien (L. 10, *C. de cond. ind.*).

Le § 14 s'occupe des héritiers du stipulant et du promettant. Ils devront s'entendre afin de recevoir ou de donner dix ou Stichus, chacun cinq ou la moitié de Stichus, en les supposant deux seulement.

§ 15. — Des cautions.

Nous n'en dirons qu'un mot. Les principes de la divisibilité et de l'indivisibilité des obligations leur sont applicables depuis Adrien : « *Idemque est in ipso promissore et fidejussoribus ejus quod diximus in heredibus* (L. 2, § 4, *de verb. obl.*).

CHAPITRE CINQUIÈME.
Obligations de faire indivisibles.
§ 16. — Quelles sont-elles ?

Dire quelles sont toutes les obligations de faire indivisibles serait chose impossible et sans beaucoup d'intérêt. C'est une détermination à faire dans chaque espèce. Nous pouvons en passer en revue quelques-unes mentionnées dans les textes les plus importants.

Est indivisible, selon la loi 2, § 5, *de verb. obl.*, la stipulation « *per te non fieri neque per heredem tuum quominus mihi ire agere liceat.* » C'était une stipulation usitée pour établir un droit de passage sur les fonds provinciaux. Comme ils n'étaient susceptibles ni de la propriété civile ni de ses démembrements, on suppléait à l'impossibilité d'une véritable servitude par la stipulation qu'on n'empêcherait pas de passer. On y ajoutait une clause pénale pour le cas d'inexécution. Le résultat était le même que si on avait établi une servitude, à cela près que la stipulation ne donne action que contre le promettant et ses héritiers, non contre les tiers acquéreurs.

La loi 4 *de verb. obl.* nous indique plusieurs cas d'obligations de faire indivisibles : dans son *principium*, elle met au même rang que la précédente la stipulation « *dolum abesse :* » « *eadem dicemus et si dolum abesse a te heredeque tuo stipulatus sim, et aut promissor, aut stipulator pluribus heredibus relictis decesserit. »*

Dans le § 2, Paul mentionne d'abord la stipulation *duplæ*. Elle était usitée dans la vente. Le vendeur devait payer à l'évincé le double du prix. L'obligation de défendre est indivisible : l'évincé devra mettre tous les héritiers en demeure de le défendre, et ceux-ci devront tous venir remplir ce devoir (L. 85, § 5, *de verb. obl.*).

Les stipulations énoncées dans le § 2 de la loi 4 sont-elles indivisibles ?

Nous venons de voir ce qu'il faut penser de la *stipulatio duplæ*. En est-il de même des stipulations *fructuaria, damni infecti*, et *operis novi nunciatione* ?

Le jurisconsulte semble les mettre sur la même ligne : « *idem que est.....* » *Restitui tamen opus ex operis novi nunciatione pro parte non potest.* » *Ipsi autem promissori pro parte neque restitutio neque defensio contingere potest.*

Cujas (Inst. col. 1191) regarde comme seule indivisible la stipulation *ex operis novi nunciatione*. D'après lui, ce serait à celle-ci que s'appliquerait le mot *restitutio* de la dernière phrase. Mais alors on se demande pourquoi Paul aurait répété ce qu'il venait de dire dans la phase *restitui tamen* ?

Nous trouvons d'autres exemples dans la loi 72 pr., *de verb. obl.*:

Fundum tradi. — L'obligation de livrer un fonds est, de sa nature, divisible. On peut livrer la moitié, le tiers, le quart d'un fonds *pro diviso* ou *pro indiviso*. Quelle est donc la pensée d'Ulpien ? S'agit-il de la tradition d'un fonds dans un but déterminé pour établir un pressoir, par exemple, comme l'a soutenu Dumoulin (2ᵉ partie, n. 313 et suiv.), ou bien le jurisconsulte a-t-il voulu parler de la tradition à effectuer par un mandataire ? Aucune de ces solutions ne satisfait l'esprit ; qu'on suppose une tradition *ad certum finem* ou un *nudum factum traditionis*, on ajoute au texte de la loi 72. Nous croyons avec M. Pellat, auquel nous avons entendu professer cette opinion, qu'il s'agit de la *vacua possessio*. Ce qui le prouve, c'est que la loi 75, § 7 *de verb. obl.*, qui est d'Ulpien comme la loi 72, donne avec les mêmes exemples la stipulation *vacuam possessionem tradi* en la place de celle *fundum tradi*. Ainsi donc, l'obligation de livrer un fonds était considérée de telle sorte par les Romains, qu'elle était de donner divisible, si elle concernait la propriété, de faire indivisible si elle avait trait à la possession. Cela tenait sans doute au caractère primitif du droit de possession. En effet, la possession commença par être une garantie accordée à la personne, avant d'être un droit réel, une garantie de la propriété (de Savigny, *de la possession*, p. 28 à 53). On comprend alors que sa tradition restât dans le domaine des faits.

Fossam fodiri.—Il s'agit d'un fossé achevé.

Insulam fabricari.—Ce que le stipulant veut, c'est une maison. A ce point de vue, la construction d'une maison est un fait indivisible (L. 15, *de verb. obl.*). La loi 59 *locati* paraît contraire; mais il s'agit d'un entrepreneur qui répond des vices du sol, non d'un tremblement de terre.

Operæ. — Mais les *operæ* sont divisibles (L. 54, *de verb. obl.*). — Elles sont indivisibles, considérées une à une : l'*opera* est indivisible (L. 15 *de op. libert.*).

L'obligation de rendre compte est indivisible, bien que celle de payer le reliquat soit divisible. Quoi qu'en dise Dumoulin (1ʳᵉ part., nᵒˢ 42 à 44), il y a là deux obligations. La deuxième, il est vrai, dépend de la première, en ce sens qu'elle ne naîtra pas, si l'autre s'éteint ; mais elles ont des caractères distincts : l'obligation de rendre compte est une obligation de faire indivisible ; celle de payer le reliquat est une obligation de donner, divisible.

§ 17. — Effets de l'indivisibilité dans les obligations de faire.

Nous avons à rechercher les effets de l'indivisibilité dans l'obligation de faire. Étudions-les dans les deux hypothèses suivantes : héritiers du promettant, héritiers du stipulant, et prenons comme objet de notre examen l'exemple de la loi 2, § 5, la stipulation que Cujas appelle, par abréviation, *iter fieri*, pour la comparer à la stipulation *iter dari* (Inst. col. 1187). Disons, pour n'y plus revenir, que les principes que nous allons exposer seraient applicables au cas de plusieurs créanciers ou débiteurs originaires.

PREMIÈRE HYPOTHÈSE.— *Il y a plusieurs héritiers du promettant.*

Voici la solution de Paul : l'un empêche de passer, tous sont tenus : « *et unus ex pluribus heredibus prohibuerit, tenentur quidem et coheredes ejus* » (L. 2, § 5, *de verb. obl.*). Il ajoute qu'ils auront l'action *familiæ erciscundæ* contre les contrevenants, comme il est dit dans la loi 44, § 5, *fam. erc.* Tous sont tenus à cause de l'indivisibilité de l'empêchement. Empêché par un seul, le stipulant est dans la même position que s'il l'avait été par tous; la loi 3 *de verb. obl.* dit : « *Enim vero ubi unus ex heredibus prohibet, omnes tenentur heredes :* INTEREST ENIM PROHIBITI A NEMINE PROHIBERI. »

Une question grave s'élève. C'est un des points culminants de la matière. Sans doute celui qui a empêché le stipulant de passer est tenu pour le tout, à cause de sa contravention, et il n'aura pas de recours (L. 44, § 5, *fam. erc.*). — *Mais les non-contrevenants sont-ils tenus pour le tout ou seulement pour leur part héréditaire.*

Barthole a soutenu que tous étaient tenus chacun pour le tout. Son opinion a été adoptée par une foule de bons esprits. Il semble naturel, en effet, qu'il en soit ainsi, puisqu'il s'agit d'une obligation indivisible. (V. § 11, pour l'obligation de donner indivisible). Cette doctrine est celle qui est enseignée dans les derniers écrits publiés en Allemagne et en France. (1)

Mais il y a un principe, écrit dans une loi romaine, dont Barthole et ceux qui suivent son avis ne tiennent pas compte : c'est que si le fait n'est plus réalisable, l'obligation aux dommages-intérêts, qui remplace l'obligation primitive, est divisible (L. 72 pr. *in fine, de verb. obl.*) (2). Ce sens, donné à la loi 72 par Ac-

---

(1) M. Julius Rubo, Berlin, 1822, *Des obl. div. et ind.*, § 14. M. Caresme, Thèse de doctorat, p. 44.

(2) On a voulu se débarrasser de la loi 72 en la donnant comme l'expression d'un sentiment individuel. Ulpien, dans cette loi, rapporterait l'opinion

curse, et après lui par Dumoulin, Cujas et Donneau (1), nous semble évident. Combien l'ont repoussé pour se jeter dans une confusion sans fin !

Nous dirons donc avec Accurse et les grands maîtres de l'école française : *les héritiers non contrevenants ne sont tenus que pour leur part héréditaire.* L'obligation primitive indivisible ne peut plus s'accomplir ; le fait est irréalisable, puisqu'il y a eu contravention. Le contrevenant est tenu pour le tout. Mais les autres ne sont tenus que de l'obligation aux dommages-intérêts déclarée divisible par Ulpien dans la loi 72.

C'est là une différence capitale entre la stipulation de faire indivisible et celle de donner indivisible : dans celle-ci, tous sont tenus pour le tout de l'estimation de la chose promise. Les termes de plusieurs lois indiquent bien cette différence.

S'il s'agit de l'obligation *iter dari*, la loi 2 *de verb. obl.* dit, dans son § 2 : « *singuli in solidum tenentur* ; » s'agit-il de l'obligation *iter fieri*, elle dit dans son § 5 : *tenentur heredes* » (Cujas, inst. col. 1187) (2).

Dans la loi 25 *fam. erc.*, même différence dans les expressions ; § 10 : « *in solidum tenentur* » pour l'obligation de donner ;

---

de Celsus pour la désapprouver. Ce point de vue n'est pas vraisemblable, c'est une pure supposition. En tout cas, l'avis de Celsus aurait prévalu, puisque Justinien se donne la peine de le reproduire dans la loi 13, § 1, *de re judicata :* « *Si mimus, quia non facit, quod promisit, in pecuniam numeratam condemnatur, sicut evenit in omnibus faciendi obligationibus.* »

(1) Donneau, t. XI, col. 474, s'exprime ainsi : « *Cum autem factum promittitur, vi ipsa promittitur pecunia, id est, id quod interest, si factum non sit quod promissum est, aut contra quam cautum est factum sit. Pecunia natura sua dividi potest : quo fit ut in hoc genere toto et stipulatio et petitio pecuniæ inter heredes dividatur.* »

(2) Paul, dans la loi 85, § 5, *de verb. obl.*, va encore plus loin ; il met en pratique la règle de Celsus : « *In solidum vero agi oportet, et partis solutio affert liberationem, cum ex causa evictionis intendimus ; nam auctoris heredes in solidum denunciandi sunt, omnesque debent subsistere, et quolibet defugiente omnes tenebuntur : sed uni cuique pro parte hereditaria prestatio injungitur.* »

§ 12 : « *in solidum committitur stipulatio* » pour l'obligation de faire. Le mot *quoque*, qui se trouve en tête de la phrase, se rapporte aux précautions à prendre qui sont les mêmes dans les deux genres d'obligations ; la fin de la phrase en est la preuve : « *ne unius factum cæteris damnosum sit.* » Le § 13 nous dit que c'est le même droit « *idem juris est* » qu'au cas d'une somme promise avec une peine. Or, toute la peine est encourue, mais par chacun pour sa part héréditaire (L. 5, § 4, *de verb. obl.*) (1).

Notre système est pleinement confirmé par ce qui est dit dans la loi 4, § 1, *de verb. obl.* Paul, d'après Caton, suppose qu'une peine a été ajoutée à la stipulation d'un fait indivisible. Alors tous encourront la peine, chacun pour sa part héréditaire : « *ab omnibus heredibus pœnam committi pro portione heredi-taria.* » Or, la clause pénale est une évaluation faite par les parties des dommages-intérêts. La seule différence, c'est que s'il n'y a pas de clause pénale, le juge a une évaluation à faire des dommages-intérêts (2).

On objecte encore qu'à ce compte il n'y aurait plus d'obligations de faire indivisibles. C'est là, croyons-nous, une erreur. Dumoulin a fait judicieusement observer que la division portait, non sur l'obligation de faire, mais sur les dommages-intérêts qui la remplacent : « *Atqui textus ille loquitur de interesse pretii loco, videlicet quando obligatio ipsa individua resoluta est in estimatione et dicit quod tunc dividua est, nec aliud* (3ᵉ part., nᵒ 147).

Deuxième hypothèse. — *Il y a plusieurs héritiers du stipulant.* —C'est l'objet de la loi 2, § 6, et de la loi 3, *de verb. obl.*

Notre texte pose une distinction. S'il n'y a pas de clause pénale, l'héritier empêché de passer peut seul agir pour sa part hérédi-

---

(1) Les § 10, 12 et 13 de la loi 25 qui est d'Ulpien, ainsi interprétés, sont la meilleure preuve que ce jurisconsulte dans la loi 72, ne désapprouve pas l'opinion de Celsus.

(2) Nous essaierons, plus loin, d'expliquer cette différence entre l'obligation de donner et celle de faire indivisibles.

taire, l'intérêt est la règle des actions : or, il n'a intérêt que pour sa part. Au contraire, s'il y a une clause pénale, tous les héritiers, si l'un d'eux est empêché, peuvent agir chacun pour sa part.

La raison de la différence est donnée par Ulpien, dans la loi 3, § 1. La peine fait que la stipulation est encourue pour tous : la question n'est plus : quel est l'intérêt, mais : la peine est-elle encourue ? *« Sed hæc differentia illam habet rationem quod, ubi unus ex heredibus prohibetur, non potest coheres ex stipulatu agere, cujus nihil interest, nisi pœna subjecta sit, nam pœna subjecta efficit ut omnibus committatur ; quia hic non quærimus cujus intersit* (L. 3, § 1, de verb. obl.).

Il ne faudrait pas s'exagérer la portée de la différence. Son importance est toute théorique. On arrivera, dans le cas de clause pénale, au même résultat que dans l'autre cas, au moyen de l'exception de dol donnée contre l'héritier non empêché. L'équité, selon Paul, doit l'emporter sur la rigueur des principes : *« Sed qui non s .t prohibiti doli mali exceptione summovebuntur* (L. 2, § 6, de verb. obl.).

CHAPITRE SIXIÈME.

Des obligations de faire divisibles.

§ 18. — Y a-t-il des obligations de faire divisibles.

Cette classe d'obligations mérite d'autant plus notre attention qu'on a nié son existence. Avant Dumoulin on disait : le fait est indivisible. Ce grand jurisconsulte (2e part., nos 193 à 200) a fait justice de cette opinion en s'appuyant sur la raison et sur les textes.

En effet, on comprend très-bien que certains faits puissent être accomplis pour partie par plusieurs ; tels les faits successifs, comme arroser un jardin pendant quarante jours.

La loi 4, § 1, *de verb. obl.* est formelle. Paul rapporte l'avis de Caton, qu'il approuve : *« Ut si de eo cautum sit quod divisionem recipiat, veluti amplius non agi. »*

Aussi est-ce avec surprise qu'on voit aujourd'hui d'excellents esprits reproduire l'ancienne erreur. M. de Fresquet, après avoir adopté toutes les distinctions scolastiques et appliqué au droit romain une méthode puisée dans le droit français, dit (t. 2, p. 269) : « *En principe, l'obligation de faire est indivisible matériellement ;* » et il cite Ulpien dans la loi 72, *de Verb. obl. :* « *Idem puto et si quis faciendum aliquid stipulatus, ut puta, etc.* »

Ulpien donne des exemples de choses et de faits indivisibles ; mais il ne se pose pas la question de savoir si les faits sont, en principe, indivisibles. C'est donc mal raisonner que de généraliser la qualification d'indivisibles donnée par Ulpien à certains faits qu'il cite et de l'appliquer à tous, malgré un texte aussi positif que la loi 4, § 1, *de verb. obl.*

M. Julius Rubo (1) soutient aussi la thèse que nous venons de combattre. Il apporte dans la discussion des arguments nouveaux. Voici comme il raisonne : Paul rapporte l'opinion de Caton pour la désapprouver. S'il donne, comme exemples de stipulations divisibles, celles *ratum haberi, duplæ,* etc., ce n'est pas que le fait soit divisible, mais ce sont des stipulations prétoriennes régies par des règles spéciales, prises par le préteur en dehors du *strictum jus.* La preuve en est que la *stipulatio duplæ,* divisible d'après la loi 4, § 2, est donnée comme indivisible par la loi 85, § 5, *de verb. obl.,* car dans la dernière loi elle est conventionnelle.

Cette doctrine nous paraît renfermer plusieurs erreurs qu'il sera bon de relever.

Et d'abord, Paul ne critique pas du tout l'opinion de Caton. Il ajoute même un exemple au sien ; n'est-ce pas là montrer qu'il l'approuve ? La loi 44, § 6, *fam. erc.,* ne laisse aucun doute à cet égard.

En second lieu, Paul ne donne pas la stipulation *ratum haberi* comme divisible, parce qu'elle serait prétorienne, pour deux rai-

---

(1) V. *Revue de législ. étrang.,* t. VIII, p. 986 et 987.

sons : 1° il n'eût pas manqué de faire la distinction ; 2° la divisibilité ou l'indivisibilité tient à l'objet de la stipulation, non à ce qu'elle est prétorienne ou conventionnelle.

En troisième lieu, Paul, dans la loi 4, § 2, *de verb. obl.*, ne dit pas que la stipulation *duplæ* soit divisible. C'est tout le contraire. Selon lui, chacun des créanciers fera condamner le débiteur, selon son intérêt : « *Hæc utilitatis causa ex parte stipulatorum recepta sunt.* » L'intérêt est souvent appelé *utilitas* (Cujas, *Inst.*, col. 1100). Mais du côté du promettant, l'obligation ne se divisera pas entre ses héritiers : « *Ipsi autem promissori parte neque restitutio neque defensio contingere potest.* » Ne sont-ce pas là les principes exposés par Paul lui-même et par Ulpien dans les lois 2, § 5 et 6 ; et 3, *de verb. obl.*, à l'occasion de la stipulation *iter fieri* déclarée par eux indivisible ? La loi 85, § 5, confirme donc simplement la loi 4, § 2.

Reste une objection, point de départ de l'argumentation de M. Julius Rubo : la loi 5, § 4, *de verb. obl.*, décide que si l'un des héritiers a payé sa part d'un capital, il n'en devra pas moins la peine, jusqu'à ce que ses cohéritiers aient payé.

C'est là un effet de la clause pénale dans ce genre d'obligations. La peine a été ajoutée pour empêcher les effets de la divisibilité, à savoir le fractionnement du paiement. C'est, comme le dit Dumoulin (3° part., n°° 380 et suiv.), non une *individuitas*, mais une *incongruitas solutionis*. Le créancier avait stipulé la peine, non comme dans l'obligation de faire pour remplacer l'obligation principale, mais pour remplacer l'*interesse casualis*, à savoir comme compensation du dommage que lui ferait éprouver un paiement fractionné : « *Nec enim aliud in hic stipulationibus sine injuria stipulatoris constitui potest* » (L. 5, § 4, *in fine*, *de verb. obl.*).

La difficulté n'a fait que reculer : pourquoi le créancier éprouve-t-il un préjudice ? Selon nous la vraie raison juridique est donnée par Paul dans la loi 85, § 7, *de verb. obl.* Dans le § 6, il dit, à propos de la stipulation, *si fundus Titianus datus non erit, centum dari :* si tout le fonds n'est donné, la peine de cent est encourue, et il ne servira de rien à l'un des héritiers d'avoir payé sa part du fonds. L'exemple, comme on voit, est analogue à celui de la loi 5, § 4 : il s'agit d'une stipulation de donner avec clause pénale. Au § 7 se trouve la raison : le débiteur qui n'a pas pu empêcher une condition de se réaliser n'en est pas moins obligé. « *Quicumque sub conditione obligatus,* CURAVERIT NE CONDITIO EXISTERET, *nihilominus obligetur.* »

L'interprétation ordinaire, à savoir : la condition défaillie par le fait du débiteur, est réputée accomplie (Cujas) (1), n'est pas bonne ici. Elle n'a pas sa raison d'être, puisqu'il s'agit d'une obligation *potestative négative*, et qu'il est du devoir du débiteur de la faire défaillir.

Cette explication, due à la sagacité de M. Julius Rubo, jette un grand jour sur cette partie de notre sujet.

Ainsi donc, la clause pénale est considérée, par les jurisconsultes de Rome, comme une stipulation accessoire *conditionnelle*, dans les obligations de donner divisibles. L'un des héritiers ne paie pas, ne donne pas sa part, la condition est accomplie : toute la peine est encourue, par chacun selon sa portion héréditaire.

Il est encore au moins bizarre que la règle que nous venons d'exposer s'applique à la dation d'une chose, non à un fait. Des auteurs recommandables expliquent ainsi la chose : on peut payer pour son cohéritier, on ne peut fournir son fait. Cette raison ne saurait nous satisfaire ; bonne pour une somme d'argent, elle ne s'appliquerait pas au compromis (l. 5, § 4, *in fine*), ni à la dation d'un fonds de terre (L. 85, § 6, *de verb. obl.*).

Nous sera-t-il permis d'essayer une explication historique ? Dans l'histoire, que Cujas appelait son hameçon d'or, se trouve le mot de bien des difficultés. A l'origine, tout était rigoureux dans la stipulation. Parmi tant d'exigences, venant du formalisme quiritaire, il est probable que se trouvait la nécessité d'un *certum*. Les Romains durent être très-embarrassés pour appliquer la stipulation aux faits, à cause de l'incertitude de l'évaluation. Un

---

(1) L. 24 *de Condition.*

remède fut trouvé ; on ajouta la clause pénale : elle fournissait un *certum* sur lequel le juge pouvait prononcer. Peut-être nécessaire au début, la clause pénale resta d'un usage très-fréquent dans les stipulations de faits ; elle fut même sous-entendue. Il en résulta une espèce de confusion entre elle et l'obligation principale. Son rôle nouveau lui fit perdre son caractère rigoureux de stipulation *conditionnelle*, caractère que nous lui voyons garder dans les obligations de donner (L. 85, § 6 et 7, *de verb. obl.*) (1).

C'est ainsi que les stipulations de fait se trouvèrent offrir des différences avec celles de donner un point de vue qui nous occupe. Spécifions, pour nous résumer. *Obligations indivisibles* : dans celle de donner, celui des débiteurs qui ne peut ou ne veut obéir au *jussus* du juge, est condamné à payer toute l'estimation de la chose (2). L'indivisibilité persiste et s'étend à la condamnation qui est toujours pécuniaire sous le système formulaire (Gaïus, *Comm.*, IV, § 48). Dans les obligations de faire, ce qui l'emporte lors de la condamnation, c'est l'obligation accessoire *ad interesse* ou la clause pénale sous-entendue qui est divisible (3), c'est un adoucissement à la rigueur des principes.

Obligations divisibles au cas de clause pénale : celles de donner deviennent pour ainsi dire indivisibles, la condition qui est indivisible se réalisant (4) ; celles de faire restent divisibles parce que la clause pénale a une autre signification : déterminer le *certum* (5) ; c'est encore un progrès de la jurisprudence.

On comprend maintenant l'importance de la division des stipulations en celles de donner ou de faire, placée par Paul en tête de la loi 2, *de verb. obl.*, comme base de sa théorie sur la divi-

----

(1) Le § 6 de la loi 2 *de verb. obl.* nous montre quand il s'agit des héritiers du créancier, le principe rigoureux en lutte avec l'équité. Mais celle-ci l'emporte au moyen de l'exception de dol.

(2) L. 2, § 2, *de verb. obl.* et 25, § 10, *fam. erc.*

(3) L. 72, *pr. de verb. obl.*; L. 13, § 1 *de re judicata* ; L. 2, § 5, et l. 85, § 5, *de verb. obl.*

(4) LL. 5, § 1; 85, § 6 et 9 *de verb. obl.*

(5) L. 4, § 1 *de verb. obl.*; L. 44, § 6, *fam. erc.*

sibilité ou l'indivisibilité des stipulations. En droit français cette distinction n'est plus faite que pour mémoire (art. 1217, C. N.).

§ 19. — Deux exemples d'obligations de faire divisibles et leurs effets.

La loi *h*, dans son § 1, cite deux obligations de faire divisibles :

Amplius non agi. Des héritiers du promettant, celui-là seul qui agit est tenu pour sa part héréditaire : « *Tum eum heredem qui adversus ea fecit pro portione sua solum pœnam committere.* »

Titium heredemque ejus ratum habiturum. Cette stipulation est la caution *de rato ;* elle était donnée soit devant le préteur, soit devant le juge par le *procurator ad litem* ou par le maître. Si c'est le procurateur qui a donné la caution *de rato*, le maître peut ratifier pour partie. Dans notre espèce, il s'agit de la *caution* donnée par le maître. Il ne peut ratifier pour partie : « *Ipse dominus pro parte ratum habere non potest.* » Comme dans le cas de l'obligation de donner divisible, il y a *incongruitas solutionis.* Pas plus que le débiteur de *dix* ne peut forcer le créancier à recevoir *cinq ;* pas davantage le maître ne peut ratifier pour partie. Mais qu'il meure, ses héritiers pourront ratifier, chacun pour sa part, de même qu'ils ne devraient que chacun *cinq* : l'incompatibilité de paiement a disparu.

CHAPITRE SEPTIÈME.

Résumé de la doctrine romaine.

§ 20. — Autre division des obligations divisibles et indivisibles.

Paul, dans la loi 85, *de verb. obl.*, résume d'une manière méthodique les principes que nous avons exposés. Dans les lois 2 et *h*, *de verb. obl.*, il s'agissait de savoir quelles obligations sont divisibles, quelles indivisibles. Ici, une nouvelle division nous en est donnée, en les considérant non plus dans leur nature intime, mais dans leurs effets à l'égard des héritiers : « *In executione obligationis... singulis heredibus.* »

Pothier s'est laissé séduire par la simplicité de l'exposé ; il n'a pas vu qu'il s'agissait d'une division de procédure, et il en a fait la base de sa théorie dans ses *Pandectes*.

D'après Paul, il y a deux aspects dans l'exécution d'une obligation : la demande et le paiement : « *peti et solvi.* » Tous deux réunis offrent quatre cas, quatre variétés : « *quatuor causas.* »

1° La demande et le paiement se divisent. Ainsi en est-il dans la stipulation *pecuniæ certæ.* C'est l'obligation divisible.

2° La demande et le paiement sont indivisibles, comme s'il s'agit d'un ouvrage que le testateur a ordonné de faire. C'est un *opus* qui peut encore être exécuté ; sinon l'intérêt, comme nous l'avons vu plus haut, se diviserait d'après le principe posé dans la loi 72, *de verb. obl.*, et d'après le § 5 de la loi 85.

3° La demande se divise, non le paiement. Il s'agit des obligations génériques et alternatives.

4° La demande est pour le tout, le paiement se divise. Le § 5 cite la stipulation *duplæ*, et il dit que la dénonciation et la défense ont lieu pour le tout, mais que la condamnation a lieu par parties. Ceci est un principe général des obligations de faire indivisibles (V. *suprà*, § 17).

FIN DE LA PREMIÈRE PARTIE.

DEUXIÈME PARTIE.

DES
OBLIGATIONS DIVISIBLES ET INDIVISIBLES
EN DROIT FRANÇAIS.

CHAPITRE PREMIER.
Notions préliminaires.
§ 21. — Bibliographie.

Pothier, dans son *Traité des obligations*, n°ˢ 287 à 336, n'a fait que reproduire la doctrine de Dumoulin avec ses distinctions subtiles et ses questions sans fin. Le Code civil, à son tour, a résumé Pothier, et les choses n'ont fait que s'embrouiller davantage.

Presque tous les commentateurs ont traité la matière sans grands développements. Il nous suffira de citer les ouvrages de Molitor, Toullier, Marcadé, et MM. Aubry et Rau.

Molitor, dans son édition de Pothier appropriée au Code civil, présente des observations pleines de finesse (n°ˢ 268 à 311; V. les notes).

Toullier, t. VI, n°ˢ 782 à 798, déclare qu'il ne comprend rien à la théorie de la divisibilité et de l'indivisibilité. Selon lui, l'indivisibilité n'a pas sa raison d'être, et il conclut en demandant sa suppression.

Marcadé, t. IV, p. 525 à 541, apporte un soin tout spécial à l'examen de notre matière. La difficulté, croit-il, vient des distinctions scolastiques et de questions étrangères. La théorie qu'il expose est simple, mais il omet plusieurs questions importantes.

MM. *Aubry* et *Rau*, t. III, p. 34 à 44, dern. édit., retrouvent dans les articles du Code les traces de la doctrine romaine. Sauf quelques points de vue que nous ne pouvons partager, nous approuvons cette partie de leur admirable ouvrage.

M. *Rodière* a publié une double monographie intitulée : *De la solidarité et de l'indivisibilité en droit français* (Paris, 1852, vol. in-8°). C'est le seul traité spécial qui ait été fait sur notre sujet en droit français. Est-il besoin de dire que l'œuvre de l'éminent jurisconsulte se recommande par une forte érudition et par des solutions ingénieuses ? On pourrait seulement lui reprocher de ne pas tenir assez compte des textes. Souvent l'auteur semble préférer, pour émettre sa décision, la raison philosophique à la loi elle-même. Vraie au point de vue critique, cette manière de voir nuit au jurisconsulte qui explique la loi ; elle fausse son coup d'œil et fait dévier ses solutions. Ce défaut disparaît peut-être si l'on considère que M. Rodière a conçu son livre dans ce double esprit : *Donner du nouveau et expliquer le difficile.* Citons deux passages dans son ouvrage : « *Nous n'aimons pas*, dit-il au n° 435, *à répéter ce qui a été dit avant nous, car ce n'est pas composer un livre que de se faire simplement l'écho de l'opinion d'autrui.*|» En terminant son traité il ajoute : « *Il est fatigant de marcher toujours sur des pointes de rocher ou de naviguer continuellement entre des écueils.* »

<h3 style="text-align:center">§ 22. —Trois espèces d'indivisibilité.</h3>

Nous avons déjà dit que les rédacteurs du Code Napoléon avaient, en notre matière, suivi Pothier, leur guide habituel (1). Le projet du Code contenait un résumé plus ou moins exact de sa doctrine ; il fut présenté en cet état aux tribunaux, mais peu d'entre eux s'occupèrent de l'indivisibilité des obligations.

---

(1) Le principe de la divisibilité, des dettes et des créances avait passé du droit romain dans notre ancien droit comme règle générale. Il fut appliqué tant dans les pays de droit écrit que dans ceux de droit coutumier. Une seule coutume, celle d'Amiens (art. 91 et 159), établissait expressément la solidarité entre les héritiers. D'après Toullier (t. III, p. 471, note 1), la même solidarité était admise en Bretagne, quoique le texte de la coutume fût muet sur ce point.

On voit pourtant le tribunal de Rennes (Fenet, t. II, p. 372) demander la suppression du chapitre concernant l'indivisibilité ou un développement plus complet de ses dispositions. Le tribunal de Toulouse fut plus hardi ; il demanda des explications sur un point spécial, comme nous le verrons plus loin (Fenet, t. V, p. 584). Ce qui en résulta fut une solution peu satisfaisante.

Quant aux discussions qui ont précédé l'adoption du Code et qui jettent un grand jour sur tant de ses dispositions, elles sont nulles sur notre sujet ; il n'y a donc rien à en tirer.

Notre Code n'a pas de règle générale pour reconnaître si une obligation est divisible ou indivisible. Il détermine seulement les effets des deux espèces d'obligations en ramenant l'indivisibilité à trois causes. A l'exemple de Pothier et Dumoulin, il distingue donc, sinon nominalement, au moins virtuellement, trois espèces d'indivisibilités :

1° L'indivisibilité, que Dumoulin appelait *individuum contractu* et plus exactement *individuum naturâ*, et que Pothier, n° 292, appelait absolue (art. 1217) ;

2° Celle que Dumoulin et Pothier nomment *individuum obligatione* (art. 1218). Marcadé, IV, p. 527, fait remarquer avec raison que la qualification *contractu* conviendrait bien mieux à cette espèce d'indivisibilité ;

3° Celle dite *solutione*, qui n'est qu'un accident de l'obligation divisible, une exception se rapportant, comme le mot l'indique, au paiement (art. 1221).

§ 23. — Indivisibilité *naturâ*.

Les obligations indivisibles *naturâ* sont, d'après Dumoulin et Pothier, celles qui ont pour objet une chose non susceptible par elle-même, à quelque point de vue qu'on se place, de prestation partielle. C'est de cette indivisibilité qu'il s'agit dans l'art. 1217 du Code :

« L'obligation est divisible ou indivisible, selon qu'elle a pour
« objet ou une chose qui dans sa livraison, ou un fait qui dans

« l'exécution, est ou n'est pas susceptible de division soit maté-
« rielle, soit intellectuelle. »

Remarquons en passant que les expressions *« dans sa livraison »*
et *« dans l'exécution »* sont impropres et dangereuses. Elles con-
duisent tout droit à la confusion de l'indivisibilité *naturâ* avec l'indivisibilité *solutione*. C'est pour n'avoir pas vu ce vice de rédaction
que certains commentateurs du Code ont embrouillé considérable-
ment la matière. Ainsi Toullier, n° 782, arrive à avouer qu'il n'y comprend rien. Le Code aurait dû dire, en suivant Dumoulin, 3ᵉ partie,
n° 53, et Pothier, n° 291 : l'obligation est indivisible quand son objet
n'est pas susceptible de parties matérielles ou intellectuelles.

On donne souvent, comme exemple de chose indivisible *naturâ*,
la servitude de passage. En effet, on ne peut passer pour partie :
on passe ou l'on ne passe pas. Cette servitude, comme toute autre,
pourra bien s'étendre ou se restreindre (art. 788), parce que le
mode en est prescriptible ; mais cela n'empêche pas le droit d'être
indivisible.

Si l'on considérait la divisibilité des servitudes, on n'aurait pas de
peine à les comprendre divisibles ; mais le Code, comme le droit
romain, ne s'est pas arrêté à ce point de vue. Il a considéré les
servitudes comme des qualités inhérentes activement et passivement aux fonds de terre. Or, une qualité, être de raison, est insus-
ceptible de division. Nous dirons donc que toutes les servitudes
sont indivisibles (Arg. tiré des art. 709 et 710.).

Nous n'avons pas la prétention de rechercher quelles sont toutes les obligations indivisibles *naturâ*. Ce serait un travail consi-
dérable, dépassant les limites que nous nous sommes prescrites et
d'une utilité fort contestable : qu'il nous suffise d'en citer quelques-unes. Telle est l'obligation de rendre compte : on ne peut
rendre la moitié d'un compte. S'il y a plusieurs affaires, il y a
autant de comptes à rendre, tous indivisibles. L'obligation de payer
le reliquat est divisible. Telle est l'obligation d'exécuter la convention de bonne foi (art. 1134). Il y a des degrés dans la bonne
foi, mais on ne peut dire qu'on est pour moitié de bonne foi et
pour moitié de mauvaise foi. L'héritier qui empêche, par son fait

ou par sa faute l'exécution de l'obligation est tenu de réparer tout le dommage (art. 1232 et 1233). Dumoulin, avec sa force de logique ordinaire, a démontré ce point victorieusement.

§ 24. — Indivisibilité *obligatione*.

Certaines choses ne sont pas par elles-mêmes indivisibles. Toutefois, le rapport sous lequel les parties les ont envisagées est indivisible. Il en résulte que l'obligation est indivisible, non *natura*, mais *obligatione*. Telle est la donnée juridique de notre espèce « d'obligations d'après Pothier, n. 293 : « Il y a des choses qui, « dans la manière dont elles ont été considérées par les parties « contractantes, ont quelque chose d'indivisible et qui ne peut par « conséquent être dû par parties. »

Le premier exemple donné par Pothier est la construction d'une maison. « Je puis, dit-il, convenir avec un maçon qu'il me con- « struira une maison pour partie, *puta*, qu'il en élèvera les murs « jusqu'au premier plancher. Mais quoique la construction d'une « maison ne soit pas indivisible *contractu* (c'est-à-dire *natura*), « elle est ordinairement indivisible *obligatione*; car, lorsque quel- « qu'un fait marché avec un architecte pour lui construire une « maison, la construction de la maison qui fait l'objet de l'obliga- « tion est, de la manière dont elle est considérée par les parties « contractantes, quelque chose d'indivisible, *et qui ad nullam re-* « *cipit partium prestationem.* » Ce que les parties ont eu en vue, c'est une maison à construire. Ainsi envisagée, l'obligation est indivisible ; elle devra être accomplie pour le tout (Pothier, n° 272 ; Dumoulin, 2me part., n° 76).

Pothier donne comme second exemple d'indivisibilité *obligatione* l'obligation de livrer un fonds *ad certum finem*, comme pour y construire un pressoir. De sa nature, l'obligation de livrer un fonds est divisible (L. 3, § 3, *commod.*). — Les parties ont-elles eu en vue une destination spéciale, l'obligation est indivisible. En me livrant la moitié du fonds qui m'est nécessaire pour établir mon pressoir, vous n'avez pas rempli la moitié de votre obligation, puisque je ne pourrai pas construire mon pressoir.

D'après ces notions, il est évident que le Code a reproduit cette espèce d'indivisibilité dans l'art. 1218 : « L'obligation est indivi- « sible, quoique la chose ou le fait qui en est l'objet soit divisible « de sa nature, si le rapport sous lequel elle est considérée dans « l'obligation ne la rend pas susceptible d'*exécution* partielle. » Nous retrouvons ici le même vice de rédaction que dans l'art. 1217, avec le même danger de confusion. En effet, comment, avec le mot *exécution*, distinguer l'indivisibilité *obligatione* de celle *solutione* (Toullier, n° 508.)? Il fallait dire : ne la rend pas susceptible de parties (Pothier).

Toullier (n°. 705) fait remarquer avec raison que l'obligation *fundum tradi* ne serait plus, sous le Code, un cas d'indivisibilité *obligatione* régi par l'art. 1218, mais bien un cas d'indivisibilité *solutione* (art. 1221); car ou c'est un fonds certain, ou bien c'est une terre indéterminée, et les deux hypothèses rentrent sous l'application de l'art. 1221.

. La distinction entre l'indivisibilité *natura* et l'indivisibilité *obligatione* n'a aucune importance pratique. Dumoulin l'a imaginée pour concilier des lois romaines déjà conciliées par les commentateurs de *dix-sept manières* différentes : c'est un aveu qu'il fait lui-même dans sa 2ᵉ partie, nᵒˢ 278 et suiv. Ces lois sont la loi 72, *de verb. obl.*, où il est dit que l'obligation *fundum tradi* est indivisible, et la loi 3, § 3, *commod.*, où il est dit que la même obligation est divisible. Dumoulin a supposé que dans la loi 72 il s'agissait d'une tradition pour une fin déterminée. Généralisant, il a fait une seconde catégorie d'indivisibilité, l'*individuum obligatione* (Toullier, n° 794). Selon nous, la loi 72 prévoit le cas de tradition de la *vacua possessio*, chose indivisible au point de vue des jurisconsultes romains (V. notre § 16).

§ 25. — Indivisibilité *solutione*.

La chose, objet de l'obligation, est susceptible de parties : l'obligation est divisible ; mais le paiement ne peut se faire divisément lorsque (art. 1221, 5°) « il résulte, soit de la nature de l'engage- « ment, soit de la chose qui en fait l'objet, soit de la fin qu'on

« s'est proposée dans le contrat, que l'intention des contractants
« a été que la dette ne pût s'acquitter partiellement. »

En face des termes de cet article, il n'est pas douteux que l'indivisibilité *solutione* résulte de l'intention exprimée ou sous-entendue des parties contractantes. Il en est de même de l'indivisibilité *obligatione*. Comment donc les distinguer l'une de l'autre ?

Toullier proclame qu'il ne peut voir de différence entre l'indivisibilité *obligatione* résultant du *rapport* sous lequel l'objet est considéré par les parties et l'indivisibilité *solutione* résultant de la *nature du contrat, de la chose, de la fin* que les parties se sont proposée (n° 792). Et Molitor d'applaudir à cette ingénieuse proposition (note sur le n° 275). — J'avoue que la délimitation sera souvent difficile à faire, mais c'est là une question d'intention qui rentre dans le domaine de l'appréciation laissée aux juges.

La pratique, paraît-il, est entrée dans la voie indiquée par Toullier : devant les tribunaux on ne distingue plus les deux espèces d'indivisibilité. C'est là une confusion qui vient de l'expression impropre *exécution* employée par les art. 1217 et 1218.

Nous allons essayer de bien préciser la différence qui existe entre l'indivisibilité *obligatione* et celle *solutione*.

Cette différence, elle ressort de la qualification elle-même. La première indivisibilité affecte l'obligation, la seconde n'a trait qu'au paiement. L'indivisibilité *solutione* est une indivisibilité impropre. C'est plutôt une *incongruitas solutionis*, comme a dit Dumoulin. L'exécution seule ne peut avoir lieu pour partie, l'obligation restant en tous points divisible.

En un mot, l'indivisibilité *solutione* est un accident de la divisibilité, une exception à ses règles, et c'est ainsi que Pothier et le Code nous l'ont présentée.

De la notion théorique que nous venons d'exposer résultent, comme corollaires, deux intérêts : l'un théorique, l'autre pratique.

Intérêt théorique. — Dans l'obligation indivisible *obligatione*, dès que les parties ont déterminé le rapport sous lequel elles envisagent l'objet, l'obligation est indivisible. Elle conserve ce caractère, quoi qu'il arrive, malgré les parties elles-mêmes. Si celles-ci font une exécution partielle, elles altèrent l'obligation.

Au cas de l'indivisibilité *solutione*, l'obligation restant divisible, l'exécution peut avoir lieu par parties sans altérer l'obligation.

Intérêt pratique. — Il est double d'après les anciens principes. Chacun des créanciers ne peut demander que sa part. Chacun des débiteurs ne peut être actionné que pour sa part. Mais comme le paiement ne peut avoir lieu d'une manière divisée, cela revient à dire, avec Pothier, que tous les créanciers devront mettre en cause le débiteur et que le créancier devra mettre en cause tous les débiteurs (Pothier, n° 316).

Ce qui précède ne s'applique plus complétement sous le Code. L'art. 1224 accorde au créancier la poursuite pour le tout contre chacun des débiteurs; il a rejeté la distinction subtile du droit romain entre la demande et le paiement (V. § 20).

Il reste encore un intérêt à distinguer l'indivisibilité *solutione* d'avec celle *obligatione*. Chacun des créanciers ne peut agir que pour sa part dans la première. Des deux faces de l'intérêt, une seule subsiste.

Pour compléter la théorie de l'indivisibilité *solutione*, nous devons dire son origine. Elle a été tirée du droit romain. C'était une particularité des obligations alternatives et de choses indéterminées, tenant à la forme du contrat. Le paiement devait avoir lieu pour le tout: autrement, l'obligation aurait été dénaturée (L. 2, § 2, *de verb. obl.*). Dumoulin et Pothier ont étendu cela à divers cas, en les classant sous la dénomination *indivisibilité solutione*. Ainsi une anomalie du droit romain généralisée est devenue une doctrine complète.

§ 26. — Critique de la précédente classification.

Au milieu des distinctions que nous venons d'exposer, on se trouve bien loin de la doctrine romaine. Celle-ci peut se résumer en deux mots : l'obligation est indivisible lorsque son objet n'est pas susceptible de parties, divisible s'il en est susceptible; les obligations alternatives et de choses indéterminées, quoique divisibles, doivent être payées pour le tout.

Dumoulin vient. Il distingue trois espèces d'indivisibilité : *natura, obligatione, solutione.*

Les Romains n'admettaient qu'une espèce d'indivisibilité, tenant à l'objet de l'obligation. Nous avons déjà vu que l'indivisibilité *obligatione* est une imagination de Dumoulin pour expliquer la loi 72 *de verb. obl.*—Elle n'a d'ailleurs aucun intérêt pratique.

Quant à l'indivisibilité *solutione*, elle n'a pas plus sa raison d'être dans une législation qui comme la nôtre vise à être simple. C'est une pure subtilité. On ne peut être obligé à payer plus qu'on ne doit ; ce serait absurde. On comprend encore qu'en droit romain on le décidât ainsi dans les obligations de genre et alternatives. Les jurisconsultes, en vertu de leur pouvoir, sauvaient l'équité par une fiction : ils supposaient que le débiteur devait le tout (Rodière, nᵒˢ 329 à 347).

Toutefois les distinctions de Dumoulin ont introduit dans notre matière un élément nouveau, mal observé par les commentateurs et pour cela source de toutes les confusions. Cet élément, que les Romains n'admettaient pas comme créant l'indivisibilité, c'est l'intention des parties contractantes. A Rome, tout était rigoureux dans la stipulation ; l'intention n'était comptée pour rien : on s'en tenait aux stricts principes et aux termes sacramentels nécessaires pour faire naître l'obligation. S'il m'est permis de me servir d'une comparaison, la formule de la stipulation était comme un moule où tout venait se fondre pour créer l'obligation.

Chez nous, il n'en est plus de même. Grâce à l'esprit plus libéral des coutumes qui tiennent une si large place dans l'histoire de notre droit, la volonté personnelle a pris une grande importance. Elle est la loi des contrats toutes les fois qu'elle n'offense pas le principe d'ordre public (art. 1134). Ainsi l'indivisibilité n'a plus tenu seulement au caractère de l'objet divisible ou non, mais encore à la volonté de la loi ou des parties exprimée ou sous-entendue ; en ce sens l'indivisibilité est intentionnelle aussi bien que réelle. Ceci est d'une science peut être moins pure, mais nous sommes forcé de l'admettre à cause de l'esprit de notre législation qui veut que la volonté fasse une chose indivisible, ou au moins comme indivisible, ce qui, en pratique, est la même chose.

§ 27. — Système rationnel.

Les explications précédentes nous mènent à poser un système conforme à la logique et à l'esprit de nos lois. L'indivisibilité serait *naturelle* ou *intentionnelle* ou bien encore, ce qui revient au même, *réelle* ou *accidentelle;* naturelle, réelle, venant de l'objet considéré en lui-même; accidentelle, intentionnelle, venant de la loi ou de l'intention des parties exprimée ou sous-entendue. L'indivisibilité, quelle que soit sa cause, produirait des effets semblables, identiques : poursuite pour le tout, par ou contre chacun des héritiers. Il serait temps de laisser à l'histoire du droit des subtilités scolastiques, telles que la divisibilité du côté des créanciers, non du côté des débiteurs. M. Rodière a parfaitement exposé ce système dans les n°ˢ 329 à 347 ; comme nous partageons presque toutes ses idées, nous y renvoyons le lecteur qui voudra se renseigner plus complétement.

§ 28. — Plan que nous suivrons.

Le système que nous venons de proposer est peut-être le meilleur. Mais il n'est pas celui du Code (1). Et pour le moment nous avons mission, non pas de refaire la loi, mais de l'expliquer.

Toutefois les principes étant posés, nous pouvons ramener la doctrine du Code à des données assez simples ; cela nous fournira un plan dans lequel viendront tout naturellement se ranger les détails du sujet.

Nous verrons d'abord quels sont les effets de l'indivisibilité (*natura* ou *obligatione* sans distinguer); puis quels sont les

---

(1) M. Rodière, par une espèce d'effet de mirage, a cru voir dans le Code le système que sa raison lui montrait. Les textes ont dû le gêner quelquefois, mais sa grande sagacité l'en a débarrassé.

effets de la divisibilité ; en dernier lieu quelles exceptions au principe de la divisibilité des créances. En suivant cet ordre, ces exceptions nous apparaîtront mieux avec leur vrai caractère, et nous verrons en quoi elles se rapprochent des obligations indivisibles, en quoi elles diffèrent des obligations divisibles.

CHAPITRE DEUXIÈME.

Des effets de l'indivisibilité.

§ 29. — Demande et paiement pour le tout.

Nous connaissons la notion de l'indivisibilité : objet non susceptible de parties en lui-même (art. 1217) ou par suite du rapport sous lequel il a été envisagé (art. 1218), c'est-à-dire *natura, obligatione*. Ses effets sont identiques dans les deux cas ; voyons-les :

Le premier effet de l'indivisibilité de l'obligation est de rendre chacun des codébiteurs de la dette débiteur pour le total. L'article 1222 dispose que « chacun de ceux qui ont contracté con« jointement une dette indivisible en est tenu pour le total, en« core que l'obligation n'ait pas été contractée solidairement. »

Réciproquement chacun des créanciers peut demander le tout.

Le résultat que nous venons de signaler est nécessaire : aussi se produit-il par rapport aux héritiers du débiteur (art. 1223) ou du créancier (art. 1224).

Le Code ne parle pas du cas où il y a plusieurs créanciers primitifs, prévu au n° 329 de Pothier. C'est un oubli auquel il est facile de suppléer.

Toutefois il faudra tenir compte de la règle que l'intérêt est la mesure des actions. Deux propriétaires ont stipulé ou promis une servitude. L'immeuble est adjugé à un seul. Celui-là seul pourra se plaindre de la violation de la convention (Rodière, n° 363).

Il faut remarquer que s'il y a lieu au droit et à la charge pour le tout, ce n'est pas que la totalité soit due par chaque débiteur à chaque créancier, mais à cause de l'impossibilité d'une prestation partielle : « *Totum non totaliter.* » (Dum., 3ᵉ part., nᵒˢ 90 et 104). C'est là une différence avec la solidarité.

§ 30. — Autres effets de l'indivisibilité.

Ainsi donc, pas de mandat, pas de société, aucun lien qui unisse les contractants et les rende responsables les uns des autres au delà de leurs parts. De ce principe découlent plusieurs conséquences auxquelles la loi a eu quelquefois le tort de ne pas s'arrêter rigoureusement.

Première conséquence. — Puisqu'il n'y a pas de mandat, l'un des créanciers ne peut faire remise ni novation de la créance, ni recevoir une chose pour une autre. C'était la décision du droit romain (L. 13, § 1ᵉʳ, *de acceptil.*).

Le Code est moins rigoureux. Le principe est sauvegardé ; mais on admet un tempérament. Les autres créanciers auront droit à toute la chose, en tenant compte au débiteur du montant de l'évaluation que le juge fera de la remise. Cette doctrine, déjà adoptée par Dumoulin et Pothier, nᵒ 329, a été consacrée par le Code dans l'art. 1224, 2ᵉ alin. : « Si l'un des héritiers a seul « remis la dette ou reçu le prix de la chose, son cohéritier ne « peut demander la chose indivisible qu'en tenant compte de la « portion du cohéritier qui a fait la remise ou reçu le paiement.»

C'est comme une subrogation du débiteur au créancier qui a fait la remise. Il est même conforme aux principes et à la liberté des transactions d'accorder aux créanciers le droit d'offrir au débiteur la place vacante du créancier qui a fait remise. C'est là donner au débiteur le vrai bénéfice de la remise. De plus, autrement on imposerait souvent aux créanciers des déboursés onéreux.

Les créanciers ne doivent indemniser ainsi le débiteur qu'autant qu'ils ont profité de la remise. Leur obligation prend sa raison d'être dans ce principe : « *Nemo cum alterius detrimento ditior fieri debet.* » S'agit-il d'une maison à construire, l'enrichissement apparaît bien. L'un des trois créanciers a fait remise de sa créance, les deux qui restent auront chacun la moitié d'une maison au lieu d'un tiers.

Le débiteur s'est engagé à laisser passer les trois créanciers ; l'un d'eux fait remise de sa créance, les deux autres ne profitent pas ; ils ne peuvent qu'avoir le droit de passer. Qu'importe pour eux qu'ils soient deux ou trois à passer ? L'art. 1224 ne sera pas applicable ici : les deux créanciers restants n'ont pas à indemniser le débiteur. Ces principes sont certains. Chose étonnante, Dumoulin et Pothier ne les ont pas fait remarquer.

Pothier, dans son n° 327, cite comme exemple du cas où il y a lieu à indemnité une servitude quelconque, sans distinguer. La servitude reste attachée au fonds, les cocréanciers seront enrichis par la remise faite ; ils doivent indemnité. Il ne faut donc pas donner, comme exemple de non-enrichissement et de non-indemnité à payer, le cas d'une servitude de passage, mais bien le droit personnel de passer.

Il y a plus : si le droit personnel lui-même de passer a été stipulé par un individu pour le revendre, pour en faire trafic, on comprend qu'il y a lieu d'appliquer l'art. 1224, 2°, au cas de remise pas l'un des créanciers. En effet, il s'agit là d'un droit vénal dont la valeur monte ou baisse selon que le droit de passer existe pour un plus ou moins grand nombre de personnes.

Supposons que la remise a été faite par le créancier à l'un des débiteurs. Le Code ne prévoit pas ce cas. Repousserons-nous la solution de l'art. 1224, 2ᵉ alin., sur ce motif que le débiteur exciperait du droit d'un tiers ? La raison d'équité milite ici aussi fortement qu'au cas où l'un des créanciers fait remise au débiteur. D'ailleurs, le codébiteur, en vertu de l'art. 1225, pourra mettre son codébiteur en cause ; alors celui-ci excipera lui-même de la remise qui lui a été faite. Nous admettons donc le tempérament de l'art. 1224 (Molitor, n° 269).

Deuxième conséquence qu'on devrait tirer du principe qu'il n'y a pas de mandat : l'interruption de prescription faite par un des créanciers ou contre l'un des débiteurs ne profite pas à tous ou contre tous.

Mais ici, un autre principe se présente : la dette étant indivisible, on ne peut la conserver ni la perdre pour partie (Pothier, n° 687). Ce principe l'a emporté. Pothier et le Code (art. 709 et 710 ; art. 2249) décident que l'interruption aura lieu au profit de tous les créanciers et contre tous les débiteurs et que sa suspension profitera à tous les créanciers.

Remarquons qu'ici, comme toujours, par créanciers et débiteurs, nous entendons les héritiers du créancier et ceux du débiteur, aussi bien que les créanciers et débiteurs originaires.

N'eût-il pas mieux valu appliquer ici le tempérament de l'art. 1224, 2° alin. ? Le créancier qui aurait interrompu la prescription aurait dû tenir compte, au débiteur, de la part prescrite de son cocréancier. La prescription n'est-elle pas fondée sur une remise présumée de la dette ? Quoi qu'il en soit, le Code en a décidé autrement.

C'est à tort, selon nous, qu'on a soutenu que l'interruption de la prescription ne produisait l'effet mentionné plus haut que dans les obligations indivisibles de l'art. 1217, non dans celles de l'art. 1218. Le Code ne distingue pas ; il attribue les mêmes effets à l'indivisibilité, quelle soit *natura* ou *obligatione*. On invoque Pothier, n° 681. Sans doute, il donne comme exemple un cas d'indivisibilité *natura :* une servitude. Mais est-ce à dire qu'il fait une restriction ? Est-ce à dire qu'il exclut l'indivisibilité *obligatione ?* Évidemment non.

Si les parties ne peuvent s'entendre pour exécuter l'obligation indivisible, il faut recourir à des poursuites contre le débiteur. La voie parée n'étant possible que pour des choses liquides et certaines (1), le créancier ne pourra procéder à une saisie que pour se faire mettre en possession d'une servitude en vertu d'un titre exécutoire. D'ordinaire le créancier devra s'adresser d'abord à la justice (Rodière, n° 288), et actionnera tous les débiteurs ou seulement l'un d'eux.

____

(1) Art. 551, C. pr.

N'en actionne-t-il qu'un seul, aux termes de l'art. 1225 « l'hé-
« ritier du débiteur (il en est de même du codébiteur), assigné
« pour la totalité de l'obligation, peut demander un délai pour
« mettre en cause ses cohéritiers, à moins que la dette ne soit de
« nature à ne pouvoir être acquittée que par l'héritier actionné,
« qui peut alors être condamné seul, sauf son recours en indem-
« nité contre ses cohéritiers. (1) »

Pourquoi cette mise en cause des débiteurs? Voyons Pothier,
n° 330, qui distingue avec Dumoulin trois hypothèses ; la dette est
de nature à être acquittée, séparément par chacun des débiteurs, ou par tous conjointement, ou seulement par le débiteur
assigné.

PREMIÈRE HYPOTHÈSE. — *La dette peut être acquittée par chacun des codébiteurs.*

Nous pouvons donner comme exemple une maison à construire.
L'héritier assigné mettra en cause ses cohéritiers afin qu'ils soient
condamnés, en cas de non-exécution, à des dommages-intérêts
pour leurs parts héréditaires. L'obligation principale, indivisible,
se trouve remplacée par une obligation aux dommages-intérêts
divisible.

L'art. 175, C. proc., permet de mettre en cause ses garants pour
faire statuer par un seul jugement sur la question du procès et sur
le recours en garantie.

Il n'en est plus de même dans le cas de l'art. 1225. Ceci est
important à noter. Le débiteur assigné obtient contre ses codébiteurs, non un règlement du recours qui lui compète, mais une condamnation qui place tous les débiteurs sur le même rang et dans
la même situation.

Si le débiteur assigné n'emploie pas le secours que lui offre
l'art. 1225, il est condamné pour le tout, sauf son recours contre
ses codébiteurs.

Nous devons dire que le principe de l'art. 1225 n'est guère ap-

---

(1) Cette disposition de loi est le résultat de l'interprétation donnée par Dumoulin à la loi 11, § 23, *de Legatis*, 3.

plicable en pratique à la construction d'une maison, les héritiers n'étant pas tenus de l'obligation, aux termes de l'art. 1795, sur le louage d'ouvrage.

Un exemple peut encore être cité : c'est celui d'une servitude à établir sur le fonds d'autrui. Tous les héritiers peuvent s'adresser au propriétaire pour obtenir la servitude.

DEUXIÈME HYPOTHÈSE. — *La dette ne peut être acquittée que par tous.* Je me suis engagé à construire un aqueduc sur mon champ. Je meurs laissant trois héritiers. Ceux-ci sont encore dans l'indivision.

Vous, créancier, pouvez agir contre un seul ou contre tous mes héritiers. L'actionné a le secours de l'art. 1225 ; s'il n'en use pas, il est condamné à tous les dommages-intérêts, sauf son recours.

Toutefois, si l'un des héritiers venait déclarer qu'il est prêt à exécuter, il ne serait pas condamné, car il n'est pas en faute (Pothier, n° 334).

TROISIÈME HYPOTHÈSE. — *Le débiteur poursuivi peut seul acquitter l'obligation.*

En reprenant l'espèce plus haut d'un aqueduc, nous supposerons que le fonds sur lequel il doit être établi est tombé au lot d'un des héritiers. Pothier supposait le cas si fréquent autrefois de successions à différentes espèces de biens. Aujourd'hui, on peut encore citer les successions anomales des art. 747, 765 et 351.

L'héritier au lot duquel est tombé l'immeuble, actionné par le créancier, sera condamné pour le tout, sauf son recours contre ses cohéritiers. Il pourra les mettre en cause, comme il est dit en l'art. 175, C. proc., pour faire statuer sur ce recours, mais non pour faire partager la condamnation, d'après l'art. 1225.

Si un seul héritier peut être condamné pour le tout, les autres n'en sont pas moins tenus pour leurs parts héréditaires. Dans l'ancien droit, il en était autrement au cas de successions à différentes espèces de biens, parce qu'alors il y avait plusieurs classes d'héritiers, étrangères les unes aux autres. La dette incombant à une classe d'héritiers était pour l'autre *res inter alios acta*, ce qui n'a plus lieu aujourd'hui.

Il est donc bien établi que l'art. 1225 offre une règle spéciale à l'indivisibilité en dehors de l'art. 175, qui règle la procédure du recours. Celui-ci, nous l'avons dit, est applicable à l'exception de l'art. 1225.

Un cas curieux, réunissant la règle et l'exception, se présentait dans l'ancien droit. Le débiteur a promis une servitude sur son fonds en s'engageant à l'entretenir. Il meurt ; l'immeuble tombe au lot d'un des héritiers. Pour la servitude, un seul peut la fournir, c'est l'exception ; on eût dû appliquer l'art. 175 ; pour l'entretien, tous peuvent le faire, c'est la règle : on eût dû appliquer l'art. 1125.

Nous avons vu que l'obligation se réduisant en dommages-intérêts, l'impossibilité de prestation partielle disparaît, et que chacun est condamné pour sa part. Mais celui par le fait duquel ceci est arrivé est tenu des dommages-intérêts pour le tout. Il est tenu *non tanquam heres, sed ex proprio facto*.

Est-ce par la faute de plusieurs que l'objet dû a péri, tous les coupables seront tenus chacun pour le tout.

Troisième conséquence du principe qu'il n'y a pas de mandat entre les codébiteurs d'une chose indivisible. — Si la chose périt par la faute de l'un d'eux, les autres sont libérés de leur obligation. Cette faute joue, à leur égard, le rôle d'un cas fortuit dont ils ne sont pas responsables, art. 1147 (Pothier, n°ˢ 334 et 336).

S'il y a une clause pénale, il n'en est plus de même. Pothier, n°ˢ 375 et suiv., et le Code, art. 1232, décident que le contrevenant peut être poursuivi pour le tout, les non-contrevenants pour leurs parts et portions.

Cette décision est contraire aux vrais principes. D'une part, le cohéritier non contrevenant n'est pas en faute, et il n'y a pas de mandat entre lui et son cohéritier. D'autre part, la peine tient lieu des dommages-intérêts qu'elle représente : pourquoi ne pas décider dans ce cas comme dans le précédent (Rodière, n°ˢ 374 et suiv.)?

On ne peut expliquer la solution de l'art. 1232 qu'en la rattachant aux règles subtiles et rigoureuses des stipulations romaines. La clause pénale était considérée comme une seconde stipulation faite sous cette condition : *si la stipulation n'est pas exécutée* (LL. 5, § 4, et 85, § 7, *de verb. obl.*). La contravention d'un seul faisait arriver la condition, et toute la peine était due. Bien entendu, les non-contrevenants avaient leur recours contre les coupables (M. Bugnet sur Pothier, n° 362, note 2).

Ce point de vue a échappé à M. Rodière. Il s'en tient à la raison pure. Ne voulant ou ne pouvant expliquer l'art. 1232, il en fait bon marché. Nous avouons que M. Rodière a pour lui la saine raison à défaut des textes. Mais la loi existe, et nous devons l'appliquer en faisant des vœux pour sa prompte réformation. Du reste, M. Rodière, au n° 378, montre par des exemples que la loi est contraire à l'équité.

Il peut se faire que la clause pénale consiste en un objet indivisible, alors même que l'obligation principale est divisible. Si l'obligation principale est exécutée en partie par l'un des codébiteurs, comment appliquer aux autres la clause pénale indivisible ? Nous croyons qu'il faudra, conformément à l'art. 1224, 2°, que le créancier tienne compte à son débiteur de l'estimation de la portion exécutée.

Quatrième conséquence du principe qu'il n'y a pas de mandat entre codébiteurs d'une dette indivisible. Le jugement rendu pour ou contre l'un des débiteurs n'a pas force de chose jugée à l'égard des autres.

M. Rodière, n° 370, donne force de chose jugée à la décision favorable aux débiteurs. Il invoque cette seule considération, que la représentation est plutôt admise en faveur des débiteurs. Mais ce principe, nous ne le voyons nulle part écrit dans nos lois. Prend-il au moins son fondement dans l'équité ? Pas davantage. Serait-il juste en effet que le débiteur courût la chance favorable de gagner son procès sans risquer nullement de le perdre ? Et dans quelle position serait le créancier ? Il actionne l'un de ses débiteurs. S'il succombe, sa créance n'est pas à l'égard de ses autres débiteurs ; s'il triomphe, son droit reste à prouver. C'est là, il faut bien l'avouer, un résultat bizarre et partant inadmissible.

Quelques personnes proposent un autre système. Elles admettraient la représentation, que le jugement soit favorable ou non, pour les choses indivisibles en elles-mêmes, *natura*, de l'art. 1217, telles qu'une servitude. Et cela, parce qu'alors un autre principe prévaudrait : l'impossibilité de l'extinction partielle de l'obligation. Les art. 709, 710 et 2249, concernant l'interruption et la suspension de la prescription, fournissent un argument d'analogie.

Nous ne pouvons nous ranger à ce système, pas plus qu'à celui de M. Rodière. Si le Code avait voulu admettre la distinction que l'on propose, il s'en serait expliqué. Quant au principe de l'impossibilité de prestation partielle, il sera respecté : le débiteur condamné fournira le tout. La loi lui donne un moyen de se parer : tant pis pour lui s'il n'en profite pas : ne pouvait-il pas mettre en cause ses codébiteurs pour les faire condamner en vertu de l'article 1225 C. N. ou pour faire statuer sur son recours, conformément à l'art. 175 C. proc. ? Dans les art. 709 et 710, le principe invoqué l'emporte, parce qu'il est en question et, sans doute, parce que la prescription, ayant en elle quelque chose d'odieux, on a dû en favoriser l'interruption. L'analogie entre le jugement et l'interruption de la prescription n'existe donc pas, et nous devons nous en tenir à notre solution.

Toutefois il est un cas où nous admettrons la distinction : c'est lorsqu'il s'agit d'une servitude sur un fonds du *de cujus*, les héritiers étant encore dans l'indivision. Ici l'équité et le principe d'indivisibilité veulent que le jugement ait autorité pour ou contre tous les héritiers.

§ 31. — Comparaison entre l'obligation indivisible et l'obligation solidaire.

Après avoir étudié les effets de l'obligation indivisible, nous croyons utile de montrer, dans un tableau comparatif, en quoi elle ressemble à l'obligation solidaire et en quoi elle en diffère.

Ressemblances :

1° Chacun des créanciers peut poursuivre pour le tout et chacun des débiteurs peut être poursuivi pour le tout (art. 1197, 1203 et 1220) ;

2° La prescription interrompue contre un débiteur originaire ou pour un créancier originaire est interrompue contre ou pour tous (art. 1199, 1206, 709 et 710).

Différences :

1° L'indivisibilité passe aux héritiers, la solidarité n'y passe pas. Ainsi point d'interruption de prescription entre les héritiers du créancier ou du débiteur solidaire (art. 1213). Le résultat contraire se produit entre les héritiers dans l'obligation indivisible (art. 709 et 710).

2° Le principe *minor relevat majorem*, en matière de suspension de prescription, s'applique à l'indivisibilité, non à la solidarité (art. 2249). Arg. tiré du mot *indivisible*.

3° La remise que fait le créancier à l'un des débiteurs solidaires profite à tous pour partie (art. 1210). En principe, la remise faite par le créancier, dans l'obligation indivisible, ne produit pas d'effet (art. 1224). Toutefois le même article admet un tempérament pour sauver l'équité.

4° Si l'obligation indivisible se transforme en dommages-intérêts, elle devient divisible. Dans l'obligation solidaire, chacun doit le tout (art. 1205).

5° Si la chose périt par la faute de l'un des débiteurs, les autres sont libérés dans l'obligation indivisible ; ils restent tenus dans l'obligation solidaire (art. 1205). Cette différence, comme les deux précédentes, tient à ce qu'il y a mandat au second cas, non au premier.

6° Le codébiteur solidaire n'a pas la ressource de l'art. 1225, qui n'appartient qu'au débiteur de l'obligation indivisible.

CHAPITRE TROISIÈME.

Des effets de la divisibilité.

§ 32. — Quelles choses sont divisibles.

Nous savons que la chose ou le fait divisible est celui qui est susceptible de division matérielle, comme des écus, une prairie, ou de division intellectuelle, comme un cheval.

Le droit de propriété est divisible, de même l'usufruit.

Envisagées au point de vue de leur utilité, beaucoup de servitudes seraient divisibles. Mais nous avons déjà dit que le Code les avait considérées à un autre point de vue, ce qui les rendait toutes indivisibles (Art. 709 et 710).

La plupart des auteurs, avant Dumoulin, considéraient les faits positifs ou négatifs comme indivisibles. Ce jurisconsulte a prouvé qu'il y avait des faits divisibles, en s'appuyant sur la raison et sur les textes du droit romain (V. § 18). Le Code a, dans l'art. 1217, consacré cette solution.

§ 33. — Comment opère la divisibilité.

Parce qu'une obligation est divisible, il n'est pas à dire qu'elle soit divisée. Entre le débiteur et le créancier uniques, l'exécution doit avoir lieu comme si l'obligation était indivisible (art. 1220). Notons qu'il s'agit ici de l'exécution forcée. Si le créancier consent à recevoir un paiement partiel, il y a libération du débiteur pour la portion payée (1. 9, § 1 *de solut.*). Mais le créancier refuse-t-il cette division du paiement, les choses se passeront comme si la dette était indivisible : le débiteur devra payer le tout.

La règle que nous venons d'énoncer est surtout fondée sur ce motif que toute obligation doit être exécutée de bonne foi. De cette considération M. Rodière, n° 350, tire deux conséquences :

1° En vertu de l'art. 1244, les juges peuvent accorder des délais modérés au débiteur, lorsqu'ils reconnaissent *qu'il est de bonne foi.*

2° En sens inverse, le débiteur ne peut forcer le créancier à recevoir des paiements partiels quand bien même une autre personne aurait ce droit : par exemple, une caution qui a garanti une partie seulement de la dette.

C'est encore en nous attachant à la bonne foi que nous résoudrons les deux questions suivantes.

Première question. Une dette a été sur plusieurs têtes, elle se réunit sur une seule par succession, comment le paiement peut-il avoir lieu ?

S'il y avait plusieurs créanciers ou débiteurs originaires, le débiteur devenu unique peut faire des paiements partiels. Ce sont plusieurs dettes, subsistant séparées, sur une seule tête. Mais chacune d'elles devra être payée pour le tout, sans que le débiteur puisse diviser ses paiements selon son caprice ou son bon vouloir.

La dette était-elle unique à l'origine ? Divisée entre les héritiers, s'est-elle trouvée réunie sur la tête de l'un d'eux par le décès des autres ? Le débiteur ne peut forcer le créancier à accepter des paiements partiels : il n'y avait qu'une dette à l'origine, divisée plus tard et la division a cessé, « *cessante causa cessat effectus.* »

Nous n'appliquerons plus le principe *cessante causa...* et nous maintiendrons la division toutes les fois qu'un autre principe s'y opposera : tel le bénéfice d'inventaire. Ici, plus de confusion entre les patrimoines ni les personnes ; la bonne foi veut qu'on maintienne la division : tel le cas où l'héritier qui succède à ses cohéritiers aurait constitué pour sa part une hypothèque. Il suffira de payer cette part pour que l'hypothèque soit éteinte. En cela, la division est encore conservée.

Deuxième question. Les créanciers ont chargé un même mandataire de recevoir le montant de la dette, le débiteur pourra-t-il faire des paiements partiels ?

Le débiteur devra payer le tout. La division n'a lieu ici que dans l'intérêt des créanciers afin d'éviter des recours, ceux-ci peuvent renoncer à une faveur de la loi ; et c'est ce qu'ils ont fait en chargeant un même mandataire. La bonne foi veut donc que le débiteur s'exécute pour le tout (Dumoulin, 2ᵉ partie, nᵒˢ 24 et s. Pothier, nᵒ 219. Toullier, nᵒ 759. Molitor, nᵒ 294).

C'est dans la dernière phrase de l'art. 1220 que nous voyons la divisibilité produire ses effets de plein droit, en vertu de la loi. La division a lieu entre les héritiers du créancier et du débiteur pour leurs parts héréditaires.

L'art. 1220 ne mentionne pas la division qui s'opère entre les créanciers et les débiteurs primitifs. Celle-ci a lieu aussi de plein droit, en vertu de l'intention présumée des parties. Seulement, si l'intérêt des parties n'est pas énoncé dans l'acte, la division aura lieu selon les *parts viriles*, tandis que la division entre les héritiers a lieu selon les *parts héréditaires*. L'art. 873 dit : *parts viriles*. En thèse générale, il faut dire *parts héréditaires* (M. Bugnet sur Pothier, nᵒ 209, note 1). La division des dettes n'a lieu *pro parte virile* qu'au cas des successions anomales (Art. 747, 766 et 351), la part héréditaire n'étant pas connue.

Ici se présente une question : Supposons que conformément à l'art. 832 une créance a été comprise dans le partage. Il y a deux héritiers ou créanciers, Pierre et Paul. La créance a été tout entière mise dans le lot de Pierre. Appliquerons-nous le principe de l'art. 883, à savoir que chacun des héritiers est censé avoir succédé seul aux choses tombées dans son lot ?

Voici l'intérêt de la question : si la réponse est affirmative, Pierre est seul créancier ; il agira pour le tout en son nom contre le débiteur et celui-ci ne pourra pas payer à Paul la moitié de la créance. La réponse est-elle négative ? La mise de la créance dans le lot de Pierre ne sera qu'un règlement de partage, une simple cession, soumise aux règles de la cession des créances. Pierre actionnant le débiteur le fera tant au nom de Paul qu'en son propre nom ; et le débiteur pourra payer à Paul sa part, tant qu'il n'y aura eu une notification de la cession ou une acceptation authentique, conformément à l'art. 1860.

La question ainsi posée, nous dirons que le principe de l'art. 883 n'est pas applicable aux créances. Elles ne sont pas dans l'indivision, puisque la loi les divise de plein droit entre les héritiers (art. 1220). Ceux-ci peuvent bien comprendre des créances dans le partage (art. 832). Mais cela n'a pas trait aux effets du partage. C'est un simple arrangement que les héritiers prennent entre eux. Dans notre espèce, Paul a donné une soulte à Pierre, en lui attribuant sa part dans la créance (L. 3, *fam. erc.*).

Chaque héritier du débiteur ne doit que sa part de la dette, part pour laquelle il représente le défunt. Peu importe que les autres héritiers soient insolvables. Toutefois, il faut supposer qu'il n'y aura pas de fraude. Ainsi l'un des enfants a dissipé sa part reçue en avancement d'hoirie, et, devenu insolvable, il accepte la succession. Tous les biens sont le gage du créancier. *Hoc enim est injustum*, dit Dumoulin, *nec suspicione collusionis vacat*. Sans doute, le créancier reste étranger au rapport pour le demander, mais aussi pour le subir. Il peut dire à l'héritier : vous voulez diviser le passif? Eh bien ! divisons l'actif; chacun de vous me doit sa part, mais chacun de vous prend sa part (M. Bugnet sur Pothier).

D'autres causes de préférence sont signalées par Pothier au n° 310, lesquelles ne sont plus reconnues par le code (M. Bugnet). Nous croyons inutile de les relater.

Certains héritiers, comme l'ascendant donateur (art. 747), ne succèdent qu'à des biens déterminés. La division de la créance ne s'applique pas à eux : car ou la créance revient tout entière à l'ascendant qui l'aurait donnée, ou, si elle est soldée, il n'y a aucun droit. Quant à la dette, ils peuvent être poursuivis pour leur part virile, comme nous l'avons dit plus haut : tout héritier est tenu des dettes.

§ 34. — Comment se fait la division.

S'agit-il de quantités, la division aura lieu en partageant physiquement la chose. De deux héritiers, chacun aura un demi-hectolitre de blé, si la dette est d'un hectolitre.

S'agit-il d'individus : un cheval blanc et un cheval noir, la division aura lieu par parties juridiques, non en séparant comme plus haut. Ce qui sera divisé, ce sera le droit aux deux chevaux. Chacun des héritiers sera propriétaire de la moitié de chaque cheval.

Supposons des choses déterminées quant à leur espèce seulement, la division aura lieu par nombre, si le nombre des héritiers s'y rapporte; chacun des trois héritiers, sur trois chevaux, en aura un. S'il n'y a que deux héritiers, chacun aura un cheval et la moitié *pro indiviso* d'un cheval. Quatre héritiers auraient chacun trois quarts *pro indiviso* de trois chevaux.

Si l'un des débiteurs n'a pas exécuté pour sa part l'obligation divisible, tandis que les autres ont exécuté, il est tenu seul des dommages-intérêts pour sa part seulement (Art. 1233, 1er alin.).

Le même article, dans son § 2, ajoute une modification à cette règle. Une clause pénale a été ajoutée pour empêcher l'exécution partielle. Un seul n'exécute pas; la peine est encourue par tous, chacun des non-contrevenants la devant pour sa part et le délinquant pour le tout.

La loi 5, § 4 *de verb. obl.* décidait déjà ainsi. Nous avons dit pourquoi au § 18. Dumoulin, 1re partie, n° 72, donne une autre explication. Il suppose que le capital était destiné à un emploi déterminé et que la clause pénale a été ajoutée pour empêcher le fractionnement du paiement. Cette idée a passé dans le 2e alinéa de l'art. 1233.

Celui par la faute duquel la chose divisible a péri, est tenu pour le tout des dommages-intérêts : car l'obligation *præstandi bonam fidem et diligentiam* est indivisible, comme le dit Dumoulin. Les autres sont libérés; ils ne sont nullement tenus du fait de leur cohéritier.

Est-ce par le fait ou la faute de plusieurs que la chose a péri, chacun des délinquants est tenu pour le tout : « *nec enim qui peccavit ex eo relevari debet quod peccati habet consortem,* » dit Dumoulin (Pothier, n° 305).

CHAPITRE QUATRIÈME.
Des exceptions aux règles de la divisibilité.

SECTION PREMIÈRE.
DU CÔTÉ DES DÉBITEURS.
§ 35. — Caractères généraux.

Nous avons donné plus haut la notion théorique de l'indivisibilité *solutione*. Les règles spéciales aux obligations de genre et alternatives en droit romain ont été étendues par Dumoulin, à des cas où la divisibilité souffre exception. C'est ainsi qu'a été créé un nouveau principe d'indivisibilité. Le code a retranché plusieurs des nombreux cas cités par Pothier ; de plus, il en a ajouté d'autres (art. 1221).

D'après le droit romain, le paiement seul n'est pas susceptible de division ; la demande elle, se divise : « *peti pro parte, solvi nisi totum,* » dit la loi 85, § 4, *de verb. obl.*

Pothier fait deux catégories : une première où le créancier peut demander le tout à chacun des débiteurs ; une seconde où il doit les mettre tous en cause, ceux-ci devant s'entendre pour payer le tout.

Le Code a rejeté la distinction savante mais un peu subtile du droit romain. Il n'a pas non plus admis la classification de Pothier. Le créancier peut demander le tout (art. 1221 *in fine*), comme dans l'obligation individuelle des art. 1217 et 1218. Toutefois une différence subsiste à notre point de vue. La créance se divise entre les héritiers du créancier.

De la théorie du code ainsi comprise, il naît une difficulté. Faut-il appliquer l'art. 2240 aux exceptions de l'art. 1221, à *l'indivisibilité solutione ?* La prescription est-elle interrompue pour le tout et contre tous ?

Nous croyons que la prescription sera interrompue pour le tout.

le créancier a actionné pour le tout, et l'interruption se mesure sur l'action « *tantum interruptum quantum actum.* »

Mais comme la dette est divisible, l'interruption de prescription n'a pas lieu contre tous. L'art. 2249 ne parle que du cas où la dette est indivisible.

Voici quel sera le résultat pratique : Les héritiers non actionnés seront libérés s'ils invoquent la prescription. L'actionné paiera seul le tout et sans recours ; car le recours ne peut, à moins d'actes particuliers, durer plus que l'action primitive, l'action du créancier, et celle-ci est éteinte par la prescription (1).

M. Rodière, n° 355, accorde l'interruption pour le tout. Mais il veut de plus qu'elle ait lieu contre tous. Le mot *indivisible* de l'art. 2249 le gênant, il nous dit que la chose doit l'emporter sur le mot, les exceptions de l'art. 1221 étant des cas d'indivisibilité. Nous ne pouvons croire que le code les ait ainsi envisagées, lorsqu'il les place sous la rubrique : *Des effets de l'obligation divisible.* Mais allons plus loin, supprimons les textes par la pensée et tenons-nous à la raison pure, ce qui arrive assez souvent à M. Rodière. En général, une déchéance n'est encourue que par celui qui est en faute ou a commis une négligence. Voyons, dans

---

(1) Précédemment, nous donnions une autre solution ; la voici : « Le débi-
« teur contre lequel la prescription a été interrompue pour le tout, ne dira-t-
« il pas au créancier qui lui demande le tout : mais je ne dois que ma part ?
« Comment se tirer d'embarras ? On devra appliquer l'art. 1221, 2° al. —
« Le débiteur actionné fournira toute la chose et le créancier l'indemnisera
« pour la part proscrite. Ce dernier ne serait pas admis à se plaindre de la po-
« sition qui lui est faite. Pourquoi, par sa négligence, a-t-il laissé s'éteindre
« une part de la créance ? Le débiteur, à cause de la nature de la dette, doit
« fournir le tout, bien que n'en devant qu'une partie. » Nous repoussons aujourd'hui cette solution par un double motif : 1° Le code a rejeté l'ancienne
subtilité « *payer plus qu'on ne doit.* » Si l'actionné a dû payer le tout, c'est
qu'il le devait. Que n'usait-il de l'appel en garantie de l'art. 175, C. Pr. ? 2°
Le créancier n'a pas commis de négligence ; l'action pour le tout, que lui
donne la loi contre un des héritiers, fait sa sécurité. Celle-ci conservée, qu'a-t-
il besoin de s'adresser à ses autres débiteurs ?

notre espèce, à qui attribuer la faute ou la négligence. Trois genres de personnes sont en présence, ayant des intérêts distincts : le créancier, les héritiers du débiteur non actionnés, l'héritier actionné. *Le créancier* n'est pas en faute ; il a dû compter sur l'efficacité de l'action pour le tout que lui donne la loi et qu'il a conservée en interrompant la prescription. *Les héritiers non actionnés* ne sont pas non plus à réprimander. On leur a laissé croire qu'ils ne devaient pas. Ils invoqueront la prescription que leur accorde la loi. L'interruption qui a eu lieu ne les regarde pas ; c'est pour eux *res inter alios acta :* leur cohéritier n'est pas leur mandataire, ni leur représentant. Pour *l'actionné*, il n'en est plus de même. Il a quelque chose à se reprocher. Pourquoi n'a-t-il pas employé la ressource de l'art. 175, C. proc.? En notifiant à ses cohéritiers l'acte d'interruption, il aurait conservé son recours; s'il l'a perdu, il ne peut s'en prendre qu'à lui-même. M. Rodière a beau dire : « c'était aux autres à se parer. » Comment, sans être actionnés, ni avertis ? Peut-être même, le créancier leur est-il inconnu ? Celui-ci ne pouvait-il plutôt agir ? Et que devient la règle que le débiteur *in pari causa* doit être préféré au créancier ? Ainsi des trois genres de personnes intéressées, la solution de M. Rodière frappe le plus favorable. Cette considération suffirait pour la faire condamner.

§ 30. — Cas d'exceptions à la divisibilité.

D'après l'art. 1221 « le principe de la divisibilité des obliga-
« tions reçoit exception à l'égard des héritiers du débiteur :

« 1° Dans le cas où la dette est hypothécaire ;

« 2° Lorsqu'elle est d'un corps certain ;

« 3° Lorsqu'il s'agit de la dette alternative de choses au choix
« du créancier, dont l'une est indivisible ;

« 4° Lorsque l'un des héritiers est chargé seul par le titre de
« l'exécution de l'obligation ;

« 5° Lorsqu'il résulte, soit de la nature de l'engagement, soit
« de la chose qui en fait l'objet, soit de la fin qu'on s'est pro-

« posée dans le contrat, que l'intention des contractants a été
« que la dette ne pût s'acquitter partiellement.

« Dans les trois premiers cas, l'héritier qui possède la chose
« ou le fonds hypothéqué à la dette peut être poursuivi pour le
« tout sur la chose due ou sur le fonds hypothéqué, sauf le re-
« cours contre ses cohéritiers. Dans le quatrième cas, l'héritier
« seul chargé de la dette, et dans le cinquième cas, chaque héri-
« tier peut aussi être poursuivi pour le tout, sauf son recours
« contre ses cohéritiers. »

La loi ne parle pas des débiteurs primitifs. C'est un oubli de sa
part. Tout ce que nous dirons des héritiers du débiteur s'applique
également aux débiteurs originaires.

Examinons successivement les cinq cas de l'art. 1221 :

1° *Si la dette est hypothécaire.* — En quoi y aurait-il exception ici aux règles de la divisibilité, en ce sens que tout débiteur
détenteur d'un immeuble hypothéqué peut être poursuivi pour
la totalité de la dette? Mais il en serait de même à l'égard de tout
détenteur d'un immeuble hypothéqué. C'est là un effet de l'indivisibilité de l'hypothèque (art. 2114) : *est tota in toto et in
qualibet parte.* C'est la chose, non la personne qui doit; ce qui
le prouve, c'est la faculté de délaissement.

Quant à la dette, elle reste divisible. Chaque héritier ne doit
que sa part; en la payant, il est libéré de l'obligation. Est-il détenteur, il devra délaisser ou payer. Mais cette obligation lui in-
combe en qualité de détenteur de l'immeuble, non comme héritier.
C'est donc à tort que le cas de la dette hypothécaire est rangé
parmi les exceptions à la divisibilité de la dette (arg. de l'art. 2240,
2° alin., Aubry et Rau, p. 40). Pothier, au n° 300, a pu donner
la dette hypothécaire comme indivisible *solutione*, parce qu'autrefois l'hypothèque résultait de la convention dans la forme authentique et qu'alors elle se trouvait confondue avec l'obligation.

2° *Lorsque la dette est d'un corps certain.* — En général, la
dette d'un corps certain est divisible activement et passivement
(art. 1072 et 1085). Quand donc devient-t-elle indivisible à
l'égard des héritiers du débiteur? C'est *lorsque l'un des héritiers*

se trouve possesseur de la chose due, nous dit l'art. 1221, dern. alin. Cela ressort aussi du dernier alinéa de l'art. 1672. Dans l'alinéa précédent, cet article avait dit que chaque héritier de l'acheteur à réméré n'était tenu de restituer l'immeuble que pour sa part. Il ajoute : « mais, s'il y a eu partage de l'hérédité, et « que la chose vendue soit échue au lot de l'un des héritiers, « l'action en réméré peut être intentée contre lui pour le tout. »

La chose peut, de plusieurs manières, passer aux mains d'un seul héritier : si elle tombe dans son lot, comme nous l'avons déjà dit, ou bien s'il y a succédé seul dans les cas des successions anomales (art. 351, 747 et 766). Cette dernière hypothèse était bien plus fréquente dans l'ancien droit, à cause des successions à diverses natures de biens. Ainsi Pothier distinguait ces deux cas (n°ˢ 201 et 202).

Le créancier peut poursuivre pour le tout, à n'importe quel titre il le fasse, celui entre les mains duquel est la chose.

En droit romain, il en était ainsi déjà pour la restitution du commodat ou du dépôt (L. 3, § 3, *Commod.*) : « *Hæres ejus qui commodatum accepit, pro eâ parte quâ hæres est convenitur ; nisi forte habuit facultatem totius rei restituendæ, nec faciat ; tunc enim condemnatur in solidum : quasi hoc boni judicis arbitrio conveniat.* » Cette solution s'appuie sur la bonne foi qui ne permet pas de refuser la restitution à celui qui peut la faire. On a étendu cela, chez nous, à l'héritier qui a la chose dans son lot.

Le créancier n'est pas, bien entendu, privé du droit d'agir contre les autres héritiers pour leurs parts (Pothier, n° 302).

Le plus souvent, le créancier d'un corps certain en sera propriétaire en vertu d'un principe du droit moderne, la translation de propriété par le seul effet des conventions. Il ne s'agit pas ici de l'action en revendication ni d'un simple délaissement à faire, mais de l'accomplissement d'une obligation de livrer, dont l'exécution est réclamée au moyen d'une action personnelle. Les termes de l'art. 1221 impliquent cette notion, qui est la reproduction de l'ancien principe à côté du nouveau. Nous avons là une véritable exception aux règles de la divisibilité. Quant à l'action en revendication, elle doit toujours, conformément à la règle « *vindicatio rem sequitur* », être dirigée contre le détenteur (MM. Aubry et Rau, p. 41, note 30).

Peu importe à quel titre le créancier réclame la chose. Les principes sont les mêmes qu'il s'agisse d'une chose vendue, louée, prêtée ou déposée. Généralisant l'hypothèse, nous dirons que l'héritier détenteur de la chose due peut être actionné pour le tout, sauf son recours contre ses cohéritiers. La loi a voulu éviter un circuit d'actions. Chacun des héritiers non détenteurs, s'il était actionné par le créancier, pourrait agir contre celui qui, détenant la chose, peut la livrer et accomplir ainsi l'obligation.

L'héritier ne serait plus tenu pour le tout, s'il détenait la chose à un autre titre que celui d'héritier ou autrement que par un partage (Pothier, n° 303). La loi romaine le décidait ainsi : « *Si fundus ab omnibus hæredibus legatus sit, qui unius hæredis esset : is quidem, cujus fundus esset, non amplius quam partem suam prestabit; cæteri in reliquas partes tenebuntur.* » (L. 86, § 3, *De leg.*, 1.)

3° *Lorsqu'il s'agit de la dette alternative de choses au choix du créancier, dont l'une est indivisible.* Cette disposition est une véritable énigme. De deux choses l'une : ou bien le choix du créancier portera sur la chose divisible et l'obligation sera divisible, ou bien ce choix tombera sur la chose indivisible, et l'obligation sera indivisible. Où serait, dans les deux cas, la dérogation aux règles de la divisibilité ?

La pensée du législateur nous est indiquée par Bigot-Préameneu, dans l'exposé des motifs (Locré, t. 12, p. 258, n° 101) : « s'il « s'agit de la dette alternative de choses au choix du créancier « et dont l'une soit indivisible, les héritiers ne sauraient réclamer « une division qui serait contraire au droit qu'a le créancier de « choisir ou au choix qu'il aurait fait. » Molitor (n° 383), dit avec raison que cette interprétation n'est pas favorable au législateur. La chose allait de soi ; il était donc inutile de l'énoncer.

Comment se produisit ce 3° de l'art. 1221 ? On a probablement voulu reproduire Pothier : on ne l'a pas compris. Dans son

n° 312, Pothier parlait de la dette alternative en général ; puis il
donnait un exemple où, par hasard, se trouvaient une chose divisible et une chose indivisible. Les rédacteurs du projet du Code
voulurent comprendre, dans une seule disposition, le précepte et
l'exemple : « lorsqu'il s'agissait d'une dette alternative de l'une
« de deux choses, dont l'une était indivisible. » (Projet, Fenet,
t. 2, p. 175.)

Le tribunal de Toulouse qui, sans doute, ne se reporta pas à
Pothier, demanda si, dans l'obligation alternative dont il s'agissait, le choix appartenait au débiteur ou au créancier (Fenet, t. 5,
p. 584). Pothier parlait des obligations alternatives au choix du
débiteur ; on le perdit de vue, et, pour f   oit aux réclama-
tions malheureuses du tribunal de Toulouse,   dicta le 3° de
l'art. 1224 où le choix est au créancier.

Dans l'hypothèse du texte, on pourrait reconnaître une certaine
indivisibilité en cela que les créanciers doivent s'entendre pour
faire un choix. Mais, évidemment, cette observation est en dehors
des prévisions du texte, et, de plus, elle est inutile parce qu'elle
rentre dans une thèse plus générale, celle des obligations alternatives comprises sous le n° 5 de l'art. 1221.

*4° Lorsque l'un des héritiers est chargé seul par le titre de
l'exécution de la convention.* — De quel titre entend parler la
loi ? Peu importe que ce soit une convention ou un testament ; la
loi ne distingue pas (Toullier, n° 772, MM. Aubry et Rau, p. 41).
Toutefois, nous devons faire remarquer que par testament on peut
mettre toute la dette à la charge de l'un de ses héritiers, sans
recours, tandis que par convention il y aura toujours un recours
(Molitor, n° 284, à la note).

Cette doctrine du n° 4 de l'art. 1221 vient de l'interprétation
de la loi 56, § 1, *de verb. obl.*, donnée par Dumoulin. Voici comment cette loi s'exprime : « *te et Titium hæredem tuum decem
daturum spondes : Titii persona supervacue comprehensa est ;
sive enim solus hæres extiterit, in solidum tenebitur ; sive pro
parte, eodem modo quo cæteri cohæredes ejus.* »

Le sens de la loi ne paraît pas douteux. L'adjection du nom de l'héritier est nulle en vertu du principe « *alteri promittere non possumus.* »

Dumoulin a soutenu que la nullité ne frappait que la stipulation *ad substantiam debiti*, non celle qui réglait le mode d'exécution : « *Non concernit substantiam obligationis sed modum; unde quemadmodum potest in prejudicium hæredum determinari locus et tempus solutionis, ita et modus.* » (2ᵉ part., nᵒˢ 30 et 31). Dumoulin va peut être contre le texte de la loi, mais il a l'équité pour lui (Toullier, nᵒ 773). Il admet la même convention du côté du créancier. L'héritier indiqué serait alors « *velut adiectus solutionis gratia* » (Dum., nᵒ 33). Rien n'empêche d'accepter aujourd'hui encore cette solution (Molitor, nᵒ 283).

Le défunt aurait-il pu établir une véritable solidarité entre ses héritiers ? La question est controversée. On peut, en s'appuyant sur la distinction de Dumoulin, donner une réponse négative. La solidarité touche à la substance de l'obligation, et, dans notre texte, il ne s'agit que d'exécution. M. Rodière (nᵒ 392) soutient l'affirmative en se fondant sur ce motif que la convention n'est pas contraire à l'ordre public. Nous répondrons que cette convention empiète sur le règlement des biens par dernière volonté et qu'il est d'ordre public qu'on ne peut déranger l'égalité entre les héritiers que par testament.

Il n'est pas douteux que le créancier n'a pas perdu le droit d'agir contre les autres héritiers pour leur part. Agir pour le tout contre un seul, est un avantage qu'il a stipulé et auquel il peut renoncer.

Supposons que l'action s'exerce contre l'héritier désigné dans le titre. Comment celui-ci exercera-t-il son recours ? Il pourra mettre en cause ses cohéritiers pour faire statuer sur le même jugement sur son recours (art. 175; C. pr.). Mais il ne pourrait pas les faire condamner en même temps que lui à l'accomplissement de l'obligation. L'art. 1225 ne donne cette faculté qu'à l'un des débiteurs d'une dette indivisible. Dans notre espèce, l'héritier doit exécuter seul, sauf recours.

5ᵒ *Lorsqu'il résulte, soit de la nature de l'engagement, soit de la chose qui en fait l'objet, soit de la fin qu'on s'est proposée dans le contrat, que l'intention des contractants a été que la dette ne pût s'acquitter partiellement.* « Dans ce cas, ajoute l'art. 1221 « dans son paragraphe final, chaque héritier peut être poursuivi « pour le tout, sauf recours contre les cohéritiers. »

Ce numéro est la copie du n° 315 de Pothier. Les tribunaux ayant demandé plus de détails sur l'indivisibilité, on copia un peu plus Pothier, et on ajouta cette énonciation générale des cas où il y a lieu à indivisibilité de paiement (Fenet, t. V, n° 372).

L'indivisibilité résulte *de la nature de l'engagement.* Il s'agit ici des obligations alternatives ou de choses indéterminées; elles sont indivisibles à cause de la nature, de la forme du contrat. Le droit romain les considérait ainsi, et, dans notre première partie, cela est ressorti jusqu'à l'évidence, de l'étude des textes.

Nous dirons donc hardiment que c'est à tort que des commentateurs affirment qu'il est impossible de trouver des obligations indivisibles par la nature de l'engagement (V. MM. Aubry et Rau p. 43 à la note 17). Pothier auquel cette disposition a été empruntée, ne donnait pas les exemples, mais c'est qu'il les avait donnés au n° 312. Toutefois, il a commis cette erreur de classification de donner l'exemple avant le précepte.

De la chose qui fait l'objet de l'obligation. — Il en est ainsi, par exemple, dans l'obligation de livrer un couple de bœufs, un attelage de deux chevaux. Les héritiers devront s'entendre pour fournir un couple de bœufs, un attelage de chevaux; tant que ces animaux n'auront pas été livrés en couple ou en attelage, il n'y aura pas libération.

De même dans le cas de prise à ferme d'un héritage, les débiteurs doivent s'entendre pour livrer tout l'héritage. L'un d'eux ne pourrait se libérer en livrant sa part divisée ou indivisée.

Pothier dans son n° 316 appliquait la disposition de notre article à la vente; mais aujourd'hui, que le créancier devient propriétaire par le seul effet de la convention, cette disposition n'est plus applicable qu'au louage.

De la fin qu'on s'est proposée dans le contrat. — Pothier donne comme exemple le cas où vous vous obligez à me donner 1000 fr.

pour me tirer de prison. Les 500 francs que vous me donneriez n'atteindraient pas la moitié du but, puisque, ne pouvant payer mon créancier, je resterais en prison.

Telle serait encore l'obligation de livrer telle somme qui a été promise à une personne dans le but d'exercer un droit de réméré.

C'est, du reste, aux juges à apprécier l'intention des parties, et leur décision, statuant en fait, serait à l'abri de la cassation.

SECTION DEUXIÈME.

DU CÔTÉ DES CRÉANCIERS.

§ 37. — Du côté des créanciers.

D'après l'art. 1221, les cas d'exception mentionnés plus haut concernent « *les héritiers du débiteur.* » Nous avons à nous demander s'il ne peut pas s'en rencontrer à l'égard des héritiers du créancier?

Nous répondrons sans hésiter : oui. Déjà nous avons vu que la convention par laquelle l'un des héritiers serait autorisé à demander le tout n'aurait rien de contraire au texte de la loi, pas plus qu'aux principes généraux (M. Rodière, n° 381).

Ce cas d'exception se rencontre rarement. Les hommes, dans les contrats, songent plus à leur propre intérêt qu'à celui de leurs héritiers.

L'art. 1939, dans son dernier alinéa, nous offre une autre exception. L'indivisibilité qu'il prévoit (tout le monde le reconnaît), est une indivisibilité matérielle. L'objet déposé ne pouvant être partagé matériellement, l'art. 1937 prend une précaution qui assure à chacun des héritiers la part qui lui revient.

Déjà Pothier, *Traité du dépôt* n° 54, disait : la chose déposée ne peut être rendue à l'un des héritiers que du consentement des autres *lorsqu'elle n'est pas susceptible de parties réelles* (l. 26, § 14 *de cond. ind.*).

C'est ce qui arriverait dans une obligation générique ou alternative au choix du débiteur. Le fractionnement de paiement que

le débiteur voudrait faire, à l'égard des héritiers du créancier,
serait souvent contraire à l'intention des parties contractantes, et
il est de principe général que les conventions doivent être exécu-
tées conformément à cette intention.

FIN DE LA DEUXIÈME PARTIE.

TABLE DES MATIÈRES.

PREMIÈRE PARTIE.

DROIT ROMAIN.

DEUXIÈME PARTIE.

DROIT FRANÇAIS.

FIN DE LA TABLE DES MATIÈRES.